魏江 王颂 等著

企业创新生态系统

ENTERPRISE INNOVATION
ECOSYSTEM

机械工业出版社
CHINA MACHINE PRESS

数字经济进程不断加快，企业所处的外部环境日新月异，客户需求日益多样化，技术变革不连续化等，都要求企业打开大门拥抱世界，与不同的个人、组织乃至国家建立紧密的协同合作关系。企业需要顺应这一时代变革，转型升级技术，提升创新能力，构建企业创新生态系统。本书从企业创新生态系统的概念基础、结构与形态、功能体系、行为、治理、发展新范式六个方面展开论述，力求帮助广大读者进一步理解、掌握企业创新生态系统的总体架构和基本要点。

图书在版编目（CIP）数据

企业创新生态系统 / 魏江等著. —北京：机械工业出版社，2023.5
ISBN 978-7-111-72898-6

Ⅰ. ①企⋯ Ⅱ. ①魏⋯ Ⅲ. ①企业创新－研究 Ⅳ. ① F273.1

中国国家版本馆 CIP 数据核字（2023）第 054131 号

机械工业出版社（北京市百万庄大街 22 号　邮政编码 100037）
策划编辑：吴亚军　　　　　　责任编辑：吴亚军
责任校对：王荣庆　梁　静　　责任印制：刘　媛
涿州市京南印刷厂印刷
2023 年 6 月第 1 版第 1 次印刷
170mm×230mm・11.75 印张・3 插页・128 千字
标准书号：ISBN 978-7-111-72898-6
定价：79.00 元

电话服务　　　　　　　　　网络服务
客服电话：010-88361066　　机 工 官 网：www.cmpbook.com
　　　　　010-88379833　　机 工 官 博：weibo.com/cmp1952
　　　　　010-68326294　　金 书 网：www.golden-book.com
封底无防伪标均为盗版　　　机工教育服务网：www.cmpedu.com

前言

数字经济进程不断加快，企业所处的外部环境日新月异，客户需求日益多样化，技术变革不连续化等，都要求企业打开大门拥抱世界，与不同的个人、组织乃至国家建立紧密的协同合作关系。企业需要顺应这一时代变革，转型升级技术，提升创新能力，构建企业创新生态系统。为此，本书从企业创新生态系统的概念基础、结构与形态、功能体系、行为、系统治理、发展新范式六个方面展开论述，力求帮助广大读者进一步理解、掌握企业创新生态系统的总体架构和基本要点。

企业创新生态系统概念基础

数字技术的发展必定会推动生产关系变革，这种生产关系在企业组织层面就表现为组织关系和结构的变化。在数字经济时代，企业组织体系正经历多元化新型组织形态的涌现和迭代，其中一批产业组织变革的领先者正在构建企业创新生态系统，进而改变传统创新生态系统的基本内涵与特征。本书旨在从理论上提出企业创新生态系统的基本概念，从现实背景和理论渊源出发，分析企业创新生态系统的形成与发展，揭示企业创新生态系统的内涵与特征，为后续研究提供基本概念框架。

- **产生条件**：信息技术、数字技术的发展，改变了创新组织形式，模糊了企业组织边界，改变了组织内部个体之间、个体与组织之间、组织与组织之间的关系、结构和行为等。与外部协同创新的高市场化成本被大幅压缩，企业追求创新效率和效果的自然选择，导致企业创新生态系统的产生成为一种必然。创新主体虚拟化、创新要素数字化和创新过程动态化共同表征了创新生态系统的形成过程。

- **理论缘起**：创新生态系统是生物学意义上生态系统在组织单元中与其嵌入的经济、组织交换活动系统的映射。本书分别从组织生态、创新网络、平台组织和系统结构四个视角梳理创新生态系统的理论发展，进而提出创新生态系统的开放系统编排性、参与者高度异质性和环境驱动的自我发展性三个特征。

- **内涵特征**：企业创新生态系统是焦点企业以自身为核心主体，利用数字技术，提供核心组件和边界资源，赋能各类参与者协同创新、价值共创共享的创新生态系统。相较于国家创新生态系统、产业创新生态系统、区域创新生态系统，企业创新生态系统在自生长、自组织、自循环三个方面有更为独特的表征。

企业创新生态系统结构与形态

核心主体身份转变使得企业创新生态系统构建和运行更加复杂多变，数字技术的嵌入打破了创新主体的创新活动地理和产业临近性约束，呈现出多样化趋势。本书提出，创新基础设施的连接、生态系统伙伴的拓展，使得创新生态系统中创新参与者的构成与关系变得越发复杂，引发企业创新生态系统形态与结构的多样化演变。

- **企业创新生态系统的结构要素**：生态领导者（核心企业）和参与者、参与者之间的关系是创新生态系统的核心要素，生态领导者是企业创新生态系统中战略和资源的中心，是系统内部能量传递和成员交替的枢纽；参与者发挥了直接价值创造者、价值创造支持者和辅助者等作用；各类参与者之间同时存在的竞合关系决定了整个生态系统及其参与者的成长路径。

- **企业创新生态系统的形态分类**：从治理结构、产业结构两个维度出发，企业创新生态系统可以被划分为核心控制型、创业社区型、双边市场型、产业联盟型四种形态。核心控制型是在单一产业中由核心企业治理的生态系统；创业社区型多元产业嵌入一个由核心企业构建的平台，大量创业者通过该平台从事创业活动，整个系统受核心企业治理；双边市场型由嵌入平台的供应商与客户构成，由多种类型的主体共同治理，通过交易平台实现多元产业的协同发展；产业联盟型是在单一产业中形成的多主体共同治理的生态系统。

- **企业创新生态系统的构建历程**：海尔的案例研究提出，开放式创新体系经历"创新联盟 - 创新网络 - 企业创新生态系统"的过程，基于自身平台化小微的组织模式，成立以企业为主导的企业创新生态系统。小米的案例研究表明，企业创新生态系统经历了"生态开拓期—生态布局期—生态成熟期"三个阶段，从最初的"投资＋孵化"扩张模式，到平台层和技术层的不断发展，小米与生态链企业形成了一个万物智能互联的共生、共存、共进化的企业创新生态系统。

企业创新生态系统功能体系

企业创新生态系统要对众多生态参与者发挥创新赋能作用，需要有三大系统功能：支撑系统、动力系统、能力系统。企业创新生态系统内基础设施建设和创新动力激发并不必然带来创新绩效提升，因为创新本质上是企业通过资源投资活动来实现商业化的连续性过程，而企业发展自身独特的组织创新能力体系是创新流程实现的关键保证和重要补充。

- **企业创新生态系统的支撑系统**：支撑系统包含企业创新生态系统中核心企业和参与者开展创新活动的基础设施体系及其作用机制。最具代表性的支撑性基础设施有两类：一是服务型数字平台，模块化与标准化的核心架构保证各类参与企业在同一服务型数字平台支撑下开展跨边界创新活动；二是开放创新平台，创新平台通过技术支撑、组织学习支撑、合法性支撑、经济支撑四大功能体系，支持企业生态创新的持续运转。

- **企业创新生态系统的动力系统**：动力系统是指企业创新生态系统开展创新活动的一系列动机与机制的集合等。企业参与创新生态系统有两大动力体系：一是借助网络效应激发创新主体协同。数字生态通过扩大起始安装基和互补品规模，使产品或技术的使用者数量快速达到网络效应的临界值。二是利用资源协同赋能企业创新突破。企业把互补关系从传统资源和知识匹配延展为更广泛而深刻的无形资源、隐性知识、关系资源和创新创业机会。

- **企业创新生态系统的能力系统**：能力系统是指企业依托生态系统内的基础设施，在动力系统牵引下，构建互补性资源和激发网络效应的能力体系。具体包括两个阶段能力系统的构建：一是企业通过利用安装基、数字基础设施等实现网络效应的"冷启动"；二是激发网络效应后，企业发展互补性资源和整合性能力，以数字资源嵌入推进企业市场能力和技术能力互补。

企业创新生态系统行为

由于不同核心企业与供应商、客户、竞争者、互补者之间的关系和结构不同，本书提出了四类典型的企业创新生态系统组织形态：核心控制型、创业社区型、双边市场型、产业联盟型。不同类型企业创新生态系统内，关键创新行为者之间的关系和结构形成各自独特的情境特征，需要探索不同情境下企业创新生态系统内参与者的创新行为规律。

- **核心控制型企业创新生态系统的创新行为**：核心控制型企业创新生态系统是以核心企业为单一核心，并由它主导系统发展方向的一种创新生态系统类型。系统内主体间复杂的相互依赖关系可以被解构为"主体维"和"功能维"的集体不确定性。核心企业根据知识基拓展、生态目标更新、系统知识定义、互补者关系引导四种策略来扮演自身的"主导控制角色"，以实现资源互补。

- **创业社区型企业创新生态系统的创新行为**：创业社区型企业创新生态系统是由核心企业搭建，从生态系统中获取有利于自身发展的创新资源，也为其他生态参与主体提供资源和信用背书的价值共创网络。核心企业和社区间的组织资源禀赋（内生要素）与技术复杂度（外部情境）动态交互，涌现出外向型、内向型、耦合型三类创新模式。

- **双边市场型企业创新生态系统的创新行为**：双边市场型企业创新生态系统是建立在平台提供者、各种供应商、客户等节点单元，借助网络外部性来实现平台价值最大化的平台基础网络。平台企业可以通过规模策略增加参与者数量和多样性，也可以通过排他策略吸引专属参与者提供差异化的产品价值和服务价值。

- **产业联盟型企业创新生态系统的创新行为**：产业联盟型企业创新生态系统是以特定产业的创新联盟为基础，由各种占据不同但彼此相关生态位的成员企业组成的动态结构系统。而生态系统参与主体间由于各自技术和市场能力的不对称引发主体间关系的非对称权力依赖。核心企业根据不对称依赖或联合型依赖关系，选择获取成熟技术知识或新兴技术知识，以实现企业价值创新。

企业创新生态系统治理

由于企业创新生态系统的参与者角色具有高度不确定性，虚拟主体与创新参与者之间交互协调困难，数据流动性大并且确权困难，参与者的机会主义风险、高频率的产品服务同质性竞争、技术和设计容易模仿带来的大量侵权行为，都给企业创新生态系统内的治理带来诸多挑战，因此需要建立起新的企业创新生态系统治理体系。

- **企业创新生态系统的治理体系**：本书提出两种逻辑的治理体系——一是基于独占性的治理体系，通过内部隔离机制建立起创新生态系统内部知识模仿障碍，产权保护机制借助国家知识产权法律力量惩罚侵权行为，强化各企业所感知的创新合法性压力；二是基于合法性的治理体系，构建公众集体意义的治理机制、协调创新生态系统冲突或矛盾的治理机制、基于新型身份的治理机制，从而展现创新生态系统知识资产治理的独特性。

- **企业创新生态系统的知识资产治理**：企业创新生态系统的知识资产治理可以通过制度创造、制度再造以及制度维持三个阶段进行设计。在制度创造阶段，制定知识资产治理契约条例和建立知识资产治理关系规范；在制度再造阶段，需要构建知识资产治理身份和建立知识资产治理联系；在制度维持阶段，构建知识资产治理资源分配政策，联系已有知识资产治理行动主体，以及再造知识资产治理角色。

本书是国家自然科学基金重点项目（编号：71732008）研究成果，该成果是课题组全体成员长期研究成果的凝练和总结，在此要特别感谢杨升曦、各位老师和博士生同学的团结协作。本书由魏江负责总体设计、指导和修改校订、前言审定等工作。王颂负责本书撰写的具体协调、修改等工作。本书的撰写分工如下：第 1 章由魏江、路云飞、王颂执笔，第 2 章由魏江、郑杰、王颂执笔，第 3 章由魏江、陈光沛、王颂执笔，第 4 章由魏江、杨佳铭、王颂执笔，第 5 章由魏江、夏敏、王颂执笔，第 6 章由魏江、苏钟海、王颂执笔。

魏江

2023 年春于紫金港

目录

前 言

第 1 章 企业创新生态系统概念基础 /1

1.1 产生条件 /2
1.2 理论源起 /6
   1.2.1 创新生态系统的概念 /6
   1.2.2 创新生态系统的特征 /8
1.3 内涵特征 /14
   1.3.1 企业创新生态系统的内涵 /14
   1.3.2 企业创新生态系统的特征 /22
1.4 本书内容设计 /25
   1.4.1 结构与形态 /26
   1.4.2 功能体系 /27
   1.4.3 创新行为 /28
   1.4.4 治理机制 /28

参考文献 / 29

第 2 章 企业创新生态系统结构与形态 / 33

2.1 企业创新生态系统的结构要素 / 34
2.1.1 生态领导者 / 34
2.1.2 生态参与者 / 35
2.1.3 参与者关系 / 37
2.2 企业创新生态系统的形态分类与异同 / 39
2.2.1 企业创新生态系统的形态分类 / 40
2.2.2 企业创新生态系统的形态异同 / 44
2.3 企业创新生态系统的构建历程 / 45
2.3.1 海尔企业创新生态系统构建历程 / 46
2.3.2 小米企业创新生态系统构建历程 / 55

参考文献 / 65

第 3 章 企业创新生态系统功能体系 / 68

3.1 企业创新生态系统的支撑系统 / 68
3.1.1 服务型数字平台 / 70
3.1.2 在线创新社区 / 75
3.2 企业创新生态系统的动力系统 / 82
3.2.1 网络效应激发创新主体协同 / 83
3.2.2 资源协同赋能企业创新突破 / 86
3.3 企业创新生态系统的能力系统 / 87
3.3.1 网络效应激发能力 / 88
3.3.2 互补资源整合能力 / 90

参考文献 / 93

第 4 章　企业创新生态系统行为　/ 96

4.1　核心控制型企业创新生态系统的创新行为　/ 97
4.1.1　情境特点：集体不确定性　/ 97
4.1.2　行为模式：核心企业的资源互补策略　/ 99
4.2　创业社区型企业创新生态系统的创新行为　/ 104
4.2.1　情境特点：认知层面统一　/ 105
4.2.2　行为模式：核心企业如何从开源社区中获益　/ 107
4.3　双边市场型企业创新生态系统的创新行为　/ 113
4.3.1　情境特点：平台驱动的创新　/ 114
4.3.2　行为模式：数字化功能赋能平台成长　/ 115
4.4　产业联盟型企业创新生态系统的创新行为　/ 119
4.4.1　情境特点：主体间权力非对称　/ 120
4.4.2　行为模式：非对称联盟下的知识协同　/ 121

参考文献　/ 125

第 5 章　企业创新生态系统治理　/ 127

5.1　企业创新生态系统的治理困境　/ 129
5.1.1　创新主体的协调难度　/ 129
5.1.2　创新知识的界定难度　/ 130
5.1.3　创新过程的不确定性　/ 131
5.1.4　创新收益获取的依赖性　/ 132
5.2　企业创新生态系统的治理体系　/ 133
5.2.1　基于独占性的治理体系　/ 134
5.2.2　基于合法性的治理体系　/ 140
5.3　企业创新生态系统的知识资产治理　/ 146
5.3.1　知识资产治理的制度创造　/ 147

5.3.2 知识资产治理的制度再造 / 150
5.3.3 知识资产治理的制度维持 / 153
参考文献 / 156

第 6 章 结语：企业创新生态系统发展新范式 / 161

6.1 核心观点 / 161
6.2 发展新范式 / 164
   6.2.1 平台支撑的企业创新组织架构 / 164
   6.2.2 需求驱动的企业创新动力源 / 166
   6.2.3 超级开放的企业创新过程协同 / 167
   6.2.4 功能互补的企业创新结果保护 / 168
6.3 未来研究展望 / 170
   6.3.1 企业创新生态系统的要素、关系与结构 / 171
   6.3.2 企业创新生态系统的动力体系 / 171
   6.3.3 企业创新生态系统的赋能机制 / 172
   6.3.4 企业创新生态系统的协同演化 / 173
   6.3.5 企业创新生态系统的治理机制 / 173
参考文献 / 174

ENTERPRISE
INNOVATION SYSTEM
——

第1章

企业创新生态系统概念基础

生产力发展必定会推动生产关系变革。数字技术正在改变企业组织体系,引致网络组织、平台组织、生态组织等新型组织形态不断涌现,形如生态系统的创新模式正逐步成为产业组织形态演化的趋势(魏江等,2020)。那些产业组织中的变革者,正在主动打开组织边界,探索构建全新的创新生态系统,即由平台主为核心控制者,依靠双边或者多边效应集聚大量参与者,并开展各类互补性创新活动所形成的生态系统。平台型组织、生态型组织的出现和持续变迁,正在改变创新生态系统内创新参与者的身份特征、关系特征和结构特征,进而改变组织内员工之间、组织与组织之间的创新合作关系和行为,引起越来越多实践者和研究者的关注。

企业创新生态系统的出现改变了传统创新生态系统的基本内涵和

特征，也改变了生态系统内部的关系和结构。为了在理论上建立起企业创新生态系统的基本概念，本章通过分析企业创新生态系统的产生条件和理论源起，揭示企业创新生态系统的内涵与特征，为后续研究提供基本概念框架。

1.1 产生条件

魏江（2004）梳理过"创新系统"概念的形成过程。这个概念最初被应用在国家层次上，也即国家创新系统，代表人物有弗里曼（Freeman，1987）、伦德瓦尔（Lundvall，1992）、纳尔逊（Nelson，1993）等。20世纪90年代中期出现了区域创新系统、产业创新系统等概念。到了21世纪，理论界和政策界把"生态系统"引入创新系统，如2004年，美国总统科技顾问委员会发表了题为《持续的国家创新生态、信息技术制造与竞争力》的报告，正式提出"创新生态系统"的概念，将国家、区域、产业创新系统提升到了与环境互动的生态层次，为美国科技政策制定提供指导。"企业创新系统"这个概念是20世纪末由中国学者提出来的，诸如许庆瑞（1997）把企业创新看成一个内部与外部交互的系统。

在数字经济出现之前，不管是什么层次的创新系统，其基本前提是把企业看成整个系统的节点，而且各个系统节点是同质的。创新系统有效运转，需要在机制上遵循三大逻辑：一是制度压力逻辑，节点企业之间对国家和区域的法律法规强制服从。二是社群遵从逻辑，比如通过行业协会、社区公约来协调节点的行为。三是交易契约逻辑，节点之间的链接通过市场交易机制来完成，由交易契约来保证。按照这三大机制来完成的合作都需要很高的制度成本或者交易成本，因为国家和区域的制度压力强制会出现制度失灵，要建立相对完备的制度需要巨大的治理成本。若是通过交易机制来协同，则各个节点出于各自利益最大化的考量，难以紧耦合而主要是松散耦合，进而就出现了市场失灵。我们注意到，各级政府为了推动产业创新系统、区域创新系统建设，把政府自身作为生态系统的构建者，通过自上而下的政府行为来建产业园区、开发区，再通过行业协会、企业家协会的软约束来发挥互补效应，形成系统内部创新协同，但最后的结果并不是最有效的。

对创新系统中的节点企业来说，它们主动或被动地嵌入区域或产业创新系统，需要遵循以上三大逻辑去实现外部合作成本和内部控制成本的最小化，最终就会选择明确的组织边界、固定的组织形态、稳定的科层组织结构和标准的绩效体系。所以，无论是国家创新系统、区域创新系统还是产业创新系统，企业都是相对独立的原子式结构，企业内部通过自上而下的科层组织结构进行设计与管理，组织与个体之间是命令式的关系，个体需要服从组织的安排，贯彻组织的意志。企业与企业之间或者基于契约建立合作关系，或者面向同一市场形成竞争关系，最终都要接受市场的检验。

到了数字经济时代，随着平台型组织、生态型组织的出现，出现了数字化治理，恰好可以弥补制度失灵、市场失灵的不足。由于数字技术的发展，平台组织内出现了领导者与互补者两类不同角色的参与者，平台领导者利用数字化技术，对平台组织内层层嵌套的结构进行高效治理，每层平台中都有强有力的平台主对各自子平台参与者进行分层治理，这样就改变了原先单一的原子式结构，形成了类似自然界中生态系统的治理形式。

大家熟知的阿里巴巴、腾讯、小米、海尔、苹果、亚马逊、百度、抖音等，就是典型的平台领导者主导的生态系统形态。这些系统通过平台领导者的强大赋能能力，把成千上万的参与者协同起来。同时，所有参与者都具有同一平台企业的"标签"，他们为了实现创新目标，不管是主动还是被动地接受平台主的统一治理，形成了由平台领导者——焦点企业为核心治理主体、各类参与者集体行动而构成的系统。这样的系统因为被焦点企业标签化，往往以焦点企业命名成为一个生态系统，例如，以阿里巴巴的淘宝为焦点企业的创新生态系统、以钉钉为焦点企业的创新生态系统、以小米为焦点企业的创新生态系统、以海尔为焦点企业的创新生态系统等，本书就以焦点企业来命名创新生态系统，即淘宝创新生态系统、钉钉创新生态系统、小米创新生态系统、海尔创新生态系统。

那么，在数字经济时代为什么会出现企业创新生态系统？我们借用生产力和生产关系之间的关系逻辑来思考。简单地说，就是信息技术、数字技术的发展，改变了创新组织的形式，逐渐瓦解了科层组织结构的优势，使企业组织的边界变得模糊，进而改变了组织内部个体之间、个体与组织之间、组织与组织之间的关系、结构和行为等。在数字技术广泛普及之前，在传统科层组织结构内，企业内部创新协同需要很高的内部协调和控制成本，与外部协同创新则需要很高的市场化协同成本。波特在"战略与互联网"一文中指出，由于数字技术发展，外部协调成本和内部控制成本都下降了，导致组织规模的扩大。越来越多的企业为获取技术能力和竞争优势所需的资源，尝试进一步打开组织边界，推动与其他各类组织、个体的深度创新合作，发展出类似自然界生态系统的协同共生关系（梅亮等，2014）。

魏江、刘洋等（2021）在《数字创新》一书中提出，企业创新生态系统之所以逐步形成，是企业追求创新效率和效果的自然选择。由于数字技术基础的快速发展，平台企业依靠和参与者无边界合作，可以加快创新速度、降低创新成本、实现与客户的无缝交互，快速获取组织的竞争能力。从数字生态的产业形态来看，从过去的销售互联网、社交互联网到产业互联网、工业互联网，各种创新生态系统不断被建立和发展。我国正在大力鼓励的数字产业化发展、产业数字化发展，都在驱动制造企业、服务企业通过构建创新生态系统来实现转型。我们把创新生态系统的形成过程，概括为创新主体虚拟化、创新要素数字化和创新过程动态化：

- 创新主体虚拟化，是指创新生态系统中的主导者和参与者在线上实现交互，个体和组织两类创新主体之间的合作创新呈现多样性、可塑性、虚拟化趋势。
- 创新要素数字化，是指通过大数据、云计算、人工智能、区块链等技术，改变了人流、物流、知识流、资金流和信息流，推动创新要素流动方向和流动速度的革命性变化，为企业创新提供全新的边界条件。
- 创新过程动态化，是指通过人机交互和深度学习，为平台组织和网络组织的创新协同从线性过程演化为非线性过程，为创新合作者之间的创意交互、流程重构、商业共创提供了无边界的巨大空间。

以海尔 2013 年上线的 HOPE（Haier Open Partnership Ecosystem）创新平台为例，海尔通过这个系统平台，把线上技术需求、技术交易和技术共享与线下研发结合起来，依托虚拟网络和现实网络的孪生空间，构建并发展海尔创新生态系统。海尔的 COSMO 平台，凭借生态系统的无边界性和快速延展性发展迅速，为系统内部和外部数万个参与主体提供创新服务，孵化出 20 余个估值过亿元的小微企业。再如，小米 2013 年开始以投资孵化驱动的方式，依靠小米的供应链和渠道优势在各产业培育生态参与者，通过"竹林效应"构建了以小米为核心的小米生态链等。在这种跨越组织边界的企业创新生态系统内，平台领导者周边围聚百万级、千万级规模的各类行业的中小微企业，一家大型企业就是一个相对完善的市场和颇具规模的产业，引得各个行业的领先者争相效仿。

1.2 理论源起

1.2.1 创新生态系统的概念

生态系统作为一个来自生物学界的衍生名词，最原始的概念是指在一定时间、空间范围内，由生物种群及其所处环境构成的物质循环和能量流动系统，是具备自调节性和自适应性的整体。李万等（2014）详细对比了生态系统的生物学隐喻，根据演化经济学指出，创新生态系统和自然生态系统之间存在概念的可比性和延续性，比如企业创新可以看成物种、种群乃至群落对环境变化的应答，创新生态系统作为一个创新集合体，它的主要参与者（大学、企业、科研院所、政府等）就是物种，物种之间相互产生关系因而组成了群落等（见表 1-1）。

表 1-1 创新生态系统的概念对比

创新生态系统	自然生态系统
创新活动单元（企业等）	物种
某类创新单元集合（集群等）	种群
多种创新单元的共生关系	群落
创新思想、模式等	变异
学习、模仿、跟进创新	繁殖
市场竞争	选择
市场、技术、政策环境	生态环境

资料来源：李万，常静，王敏杰，等. 创新 3.0 与创新生态系统［J］. 科学学研究，2014，32（12）：1761-1770.

对于创新生态系统，不同学者以不同视角进行观察（Jacobides et al.，2018），具体可从以下四个视角展开讨论：

（1）组织生态视角。一些学者认为企业是嵌入在商业生态环境中的。创新生态系统是由占据不同但彼此相关的生态位的企业组成的复杂系统，是众多具有共生关系的企业构成的经济共同体。一旦系统内部的一个生态位发生变化，其他生态位的企业乃至整体环境都会随之变化。研究者从组织生态的角度对创新生态系统结构的发展演化进行探究，提出在创造价值的过程中，创新生态系统中的模仿、竞争和知识溢出转移等机制具有生态意义上的阶段性和周期性特征，其演化遵循了生态环境中的特定规律（Iansiti and Levien，2004）。

（2）创新网络视角。有研究将创新生态系统定义为围绕某种核心技术和产品，由相互依赖的供应商和客户组成的网络，网络内部成员通过长期互动关系，为企业提供资源、合作伙伴、重要市场信息。创新网络作为创新生态系统构建和运作的核心，是基于内部成员的长期合作关系形成的。创新生态系统的核心就是网络结构特征，覆盖了社群中的所有利益相关者，具备稳定性和可持续发展性（Zahra and Nambisan，2011）。

（3）平台组织视角。平台组织视角认为创新生态系统核心和治理的主体不再是单一组织或者由组织构成的网络，而是由全部参与者构成的创新平台（Wareham et al.，2014）。平台参与者可以在任何时间地点、任何主体之间发生互补性创新，但在创新活动没有发生之前，互补者的身份不具有确定性。创新生态系统的演化发展依靠平台上的网络效应，即平台连接的两类参与者（用户和供应商）之间由于单边数量增加而导致另一边数量增加的效应，突出创新主体间连接的主要机制是技术互补性合作（Adner，2006）。

（4）系统结构视角。系统结构视角关注的是具体产生价值活动的结构，把生态系统看成是基于不同价值定位进行架构的系统结构，围绕核心系统结构展开研究，再去关注不同结构位置上参与者的角色属性和行为（Adner，2016）。该视角的研究焦点和研究次序与前面三个视角恰好相反。

1.2.2　创新生态系统的特征

关于创新生态系统的特征研究，曾国屏等（2013）结合生态系统理论，提出动态性、栖息性和生长性是创新生态系统的三大特征。李万等（2014）进一步指出，多样性共生、自组织演化和开放式协同是创新生态系统的主要特征。其中多样性共生是指系统内创新主体的异质性要丰富，并且和创新环境之间要频繁进行试错和应答；自组织演化是指系统内部要素、个体群落等在相互作用、相互适应中不断发展演化，这个过程应当是自我调节进行的；开放式协同是指企业逐渐突破地理边界，依赖整个创新链、产业链和价值链进行技术创新。Jacobides等（2018）强调创新生态系统的三个关键属性是多边性、关系方向以及非控制性，即创新生态系统的特殊性是成员及其关系的相互依赖性使得成员关系具有多样性，而且相互之间的依赖性也是多边的，其方向和属性决定了系统运作的模式。同时，这种依赖性的发展演化是自发的、非系统科层组织结构控制的。

综上，已有对创新生态系统特征的研究主要聚焦成员的异质性、成员关系多样性、创新协同性、系统自组织发展等方面，突出了创新生态系统的成员之间以及与环境间共生演化的特征。结合孙聪（2021）的研究，本章提出创新生态系统具有以下三个方面的特征。

1. 开放系统编排性

开放系统编排性（open-system orchestration），即系统的核心主体对系统资源的利用以及与系统参与者的关系协同是为了实现全系统参与者各自的目标，而不是只提升核心主体的绩效。这种系统目标是相对于封闭系统编排性（close-system orchestration）提出的。封闭系统编排性是指组织在构建一个网络或系统时，都是围绕自己的核心需求，以提升自身能力或绩效为目的。例如，企业在成立创新联盟、创新网络、创新平台时，其遵从的逻辑是要先寻找那些能为自己带来价值和利益的伙伴，再与他们建立合作关系，这具有很强的导向性，因此，核心企业会利用大量的双边关系组建联盟或者多边关系网络，核心企业作为网络结构洞，构建的是封闭系统编排性逻辑（Nambisan and Sawhney，2011）。但是，这种封闭系统编排性的特征是相对的，因为每个节点企业都会嵌入在其他封闭系统中，核心主体希望独自满足自身的利益的状态是不稳定的，以"收割"资源为核心目标的模式日渐难以满足多样性参与者的需求：一方面，合作伙伴会抱怨这种被压榨的模式会制约成员的创新动力；另一方面，核心企业也无法及时识别所有有价值的合作伙伴并与其建立联系，导致这种单核的封闭系统内部资源编排效率会持续下降，创新能力会衰减。

不同于创新联盟和创新网络，创新生态系统在创建时，其目标就不以提升某一核心主体的能力绩效为重点，而是要通过结构设计、系统内部关系协同、系统与环境的共演为每一个生态伙伴赋能（Gawer，2014）。创新生态系统通过打造一个互联共生的环境，把利益相关者结合在一起，形成一个资源交互、信息传递、自由合作的圈子。核心主体以自身在技术和资金等上的优势维系圈子的建设和运行，通过提高每个生态位上的成员价值来丰富整个生态系统的价值，通过生态系统的繁荣来提高核心主体的价值。创新生态系统在边界扩张上遵循前瞻资源化（prospective resourcing）逻辑，即在进行合作之前并没有导向性很强地选择那些对自己发展有价值的对象，而是在和潜在合作对象的互动迭代中发现需求和资源缺口,并及时将其纳入合作体系中。

以海尔为例,在创新生态系统中,海尔不以能否直接从参与者身上获取利益为标准设置严格的筛选机制,而是以系统繁荣为己任,投资搭建并维护各类平台,方便所有生态伙伴创新活动的开展,从中获取资源及价值的溢出。可以看出,开放系统编排性是创新生态系统与其他创新组织模式在组织目标上体现的不同。

2. 参与者高度异质性

传统创新生态系统研究的一个假设是,系统是建立在地理或产业临近性上的,因此一个创新生态系统中涉及的产业一定在价值创造上是相关的,即行业边界是明确的(Adner,2016)。由于系统有明确的产业边界或地理边界,创新联盟、创新网络或平台组织中的核心主体会选择线性价值链上不同环节的企业作为合作伙伴,例如底层技术的开发者、元器件生产及开发者、产品整合者以及后端的商业化实行者,研究也只关注价值创造所需要的关键性互补者(Lau and Lo,2015)。建立在这种逻辑基础上的关键性互补者,具有行业的高度关联性、同一节点上企业的高度相似性、节点企业之间的利益冲突性。

但是,在创新生态系统中,除了这些价值创造直接涉及的关键性互补者之外,还包括辅助性互补者。辅助性互补者主要是为价值创造提供辅助服务的参与者,例如,物流公司本身不参与一个产业集群的创新产出,它的运营活动也不会改变整个价值创造的模式和流程,如果我们把产业集群视为一个创新网络时,核心主体一般不把物流企业作为参与者做分析。但是,如果把产业集群看作创新生态系统时,物流公司作为整个价值创造过程中辅助性服务的提供者,即被视为生态系统的重要参与者。生态系统需要考虑参与者在系统中的行为以及与其他创新主体之间的关系互动。

以海尔创新生态系统为例,核心的创新参与者包括用户、外部各类技术服务提供商、位于系统中心的各类平台、海尔线下研发中心等,辅助参与者有物流、融资孵化平台等,他们都是创造创新价值的参与者,虽然物流企业相对于白电、黑电或数字产业来说是高度异质性的,但在生态系统中他们又是非常重要的。因此,相比较于创新联盟、创新网络等,创新生态系统的参与者具有高度异质性,参与者既包括价值链上的关键性互补者,又包括辅助性互补者。

3. 环境驱动的自我发展性

在创新联盟、技术平台、传统创新网络等领域的研究中,对其动态演化发展的关注主要是从内部切入的,涉及联盟、网络或平台领导者通过怎样的制度设计、目标引导,其他参与者之间如何互动,创造价值来推动整体网络等的发展(Gawer and Cusumano, 2014)。尽管内部个体的行为也是受到环境影响的,但是网络、平台的发展围绕利益相关者的需求和目标实现,即战略目标驱动的发展,是自上而下或自中心向外围传递的定向变革。

而在创新生态系统中,外部环境因素是十分关键的变量,系统发展本质就是环境变化导致的众多系统参与者适应行为的自发性改变(Luo, 2018),推动演化发展的是客观环境的变化,而不是主观的战略目标。系统的核心参与者在这个过程中能够发挥一定的主观能动性，但不能决定生态系统的发展方向。创新生态系统的发展是为了适应新环境下改变的技术、市场、资源结构和分配方式，在新情景下达到最优的方案，让更多的创新主体能够高效地进行创新活动，这个过程本质上是环境驱动下的自发现象。

以海尔创新生态系统为例，海尔把"智慧生活"作为战略方向，宣布涉足物联网技术，把家用电器变成"网器"，与大数据实现互通。这一变革并不始于海尔引导，而是在物联网被国家列为五大新兴战略产业之后，系统内的众多参与者共同识别并通过技术、产品、工艺的交流融合带动整个生态系统转向趋势，最终由核心主体海尔一锤定音，敲定发展方向。

表1-2把创新生态系统的特征与其他创新组织做了对比，概括了创新生态系统概念在组织目标、参与主体以及驱动方式上和其他传统创新组织模式的区别。第一，在组织目标上，核心主体成立创新生态系统不仅仅是为了获取系统内资源而实现自身创新绩效，也包括帮助更多创新主体实现其创新目标和创造创新价值，实现资源价值的溢出。第二，在参与主体上，创新生态系统涉及的参与者异质性更高，不仅包括价值链上发挥作用的关键性参与者，也包括价值链之外提供辅助服务的辅助性参与者，因此创新生态系统中参与者之间的关系更为多变复杂。第三，在驱动方式方面，创新生态系统的演化发展是由环境要素的改变而驱动，不由核心主体战略导向的改变而驱动。这三个维度的差异将创新生态系统与创新联盟、创新网络、创新平台等容易混用的概念区分开来。

表 1-2　创新生态系统与相似创新组织模式关键维度对比

	创新生态系统	创新联盟、创新网络、创新平台
组织目标	系统资源最大化	核心主体能力及绩效最大化
参与主体	创新活动的所有参与者	创新价值链的关键性参与者
驱动方式	环境驱动	内部主体战略驱动

资料来源：孙聪. 平台型企业创新生态系统协同机制研究［D］. 杭州：浙江大学，2021.

1.3　内涵特征

回顾了创新生态系统的概念与特征后，我们再来比较企业创新生态系统与国家创新生态系统、产业创新生态系统、区域创新生态系统的不同，进一步明确企业创新生态系统的内涵，认识企业创新生态系统自生长、自组织、自循环三大特征。

1.3.1　企业创新生态系统的内涵

在数字时代之前，创新生态系统是个政策研究的概念，国家创新生态系统是中央政府及其部门的创新政策立足点；区域创新生态系统是地方政府的创新政策施力点；产业创新生态系统是产业主管部门、领导企业和行业协会等非营利权威组织的创新政策关注点，这些系统的核心问题是解决好核心企业的行为与企业间的关系，研究核心主体的治理行为以及与其他创新主体之间的关系（Rasiah and Shan，2016；Leydesdorff and Porto-Gomez，2019）。比如，在国家创新生态系统和区域创新生态系统中，企业创新生态系统中的核心企业对其他参与者不具备科层式权威，无法利用强有力的政策颁布、法律治理和数字经济建设，而是利用像行业协会颁布行业规范和条例等传统手段来促进系统内创新。

过去 20 年以来，由于产业组织形态和结构的颠覆性变迁，企业生态化成为全新的趋势，于是，出现了以各类平台企业为核心的创新生态系统，平台企业这类产业组织者是开发的主体，也是生态治理的主体。区别于国家创新生态系统、产业创新生态系统、区域创新生态系统，企业创新生态系统的核心主体是企业而不是政府、社区。由于核心主体的性质发生了根本变化，企业创新生态系统的系统结构、核心主体、主体身份等也发生较大变化。企业创新生态系统通常存在一个核心主体，该主体一般也是生态系统的建造者、规则和布局的制定者、运营维护执行者，利用独有的竞争优势与其他创新主体建立不同层次的合作关系。核心主体的目标、行为以及参与生态活动得到的反馈，将会对创新生态系统的运行和治理产生重要影响（吕平，2015；孙聪、魏江，2019）。核心主体对整合和分享系统内部资源有着高优先级的话语权。它们处在系统的核心位置，对系统边界的开放进行把控，在提高系统创新价值的同时，也促进了自身发展（Zahra and Nambisan，2011）。

创新生态系统中的核心主体有着三个特征：唯一性、协调性和身份转化性。唯一性是指核心主体处于系统的核心位置，作为系统建造者在系统内扮演不可替代的角色，一个创新生态系统可以更换任何参与者，但不可能替换核心主体（梅亮等，2014）。协调性是指核心主体负责系统内资源和关系的协同运行，通过合作和协同机制的设计，领导系统内成员企业接受创新激励，解决创新冲突，实现全系统的良好运行和发展。身份转化性是指尽管核心主体的关键位置不可替代，但是随着技术和市场环境的变化，生态系统核心主体所扮演的角色和发挥的作用也会随之改变。核心主体既可以借助自己的中心位置干预成员组织的创新活动，也可以退居幕后让其他创新主体决定系统的发展方向（Wareham et al.，2014）。

主动且深度嵌入企业创新生态系统的核心企业、平台企业，通过自己对产业技术发展的理解以及商业合作关系的建立，以共同的利益追求、资源共享、价值实现为手段吸引创新参与者的加入，使系统内部呈现出一定程度的市场逻辑，这种新模式能够更加精确地实现企业技术需求和供给的精细化匹配，减少资源浪费，最大化系统内创新的价值，核心企业有序把握了核心数字资源，会主导设计整个系统运行的基本规则，因此，企业创新生态系统的系统结构、核心主体地位、核心主体身份、参与者合作关系四方面会有所变化。

1. 系统结构上呈现多层次性

在国家创新生态系统、产业创新生态系统、区域创新生态系统中，创新主体都是具备独立法人身份的个体，都是作为封闭节点参与生态运作中的（Adner，2016；吕一博等，2015），即作为一个独立的组织随着生态演化扮演一个或多个角色。以杭州云栖小镇为例，云栖小镇是当地政府牵头成立的区域创新生态系统，系统内个体如创业企业、孵化器、科研机构、金融机构、中介机构等参与者均具备独立法人身份，具有同一层级的特点。

系统结构的多层次性是指由不同层次的平台企业作为行动者，外部生态系统的参与者都是独立的企业，这些独立的企业也有部分会成为整个系统的次级核心，依靠其独特资源、能力和位置，构建了次级生态系统，由此就产生了系统结构的多层次性。多层次性就是企业创新生态系统内结构的多层嵌套，如外部和内部两层结构。一个系统内的节点企业既可以与内部其他参与者直接建立联系，也可以独立参与外部创新生态活动中。由于内部参与者与外部参与者并不属于同级个体，二者之间涉及的生态活动和关系演化会更加复杂，在系统结构上呈现了多层次性。

以海尔为例进一步解释。海尔通过平台化和小微化改革，在成立企业创新生态系统后，内部小微组织可以作为独立个体与生态系统的外部参与者建立联系，因而呈现出一种嵌套式结构的现象。所谓嵌套，就是指企业创新生态系统基于结构上的多层次性，由内部和外部两层系统构成，内部生态系统就是海尔本身，主要参与者是企业自身小微化的职能部门和小微企业，外部生态系统的主要参与主体包括用户、技术提供商和以海尔为核心的各类平台。在这个结构中，有三种产生价值的途径：一是用户和技术等提供商通过海尔搭建的平台生态系统直接联系来创造价值；二是用户、技术提供商和海尔三方共同合作来创造价值，具体活动的执行者是海尔内部的职能部门；三是内部生态系统中的参与者（以小微组织为主）基于其自身生存发展的需要直接和用户或供应商合作来产生价值。

2. 核心主体地位转变性

国家创新生态系统和区域创新生态系统的核心主体是政府，产业创新生态系统的核心主体是行业协会和政府（Koenig，2012），这些系统是建立在主体的制度权威和身份地位基础上的，核心主体可以通过制度设计来控制和优化生态系统的发展方向。例如针对系统内知识产权保护问题（包括减少创新抄袭、提高创新意愿、降低商业化过程中知识泄露风险等），政府作为核心主体拥有很高的地位和强大的权力，可以通过颁布法令、规范、规制来惩罚抄袭行为并鼓励创新，集中高效地解决问题，保证创新生态系统的发展。但是，如果没有政府的持续性参与，整个创新生态系统很难持续运作下去。因此传统情境下对核心主体角色和行为的研究大多数基于制度理论，关注他们如何建立系统内的正式制度并维系系统发展。如朱秀梅等（2020）对杭州云栖小镇的研究中，政府在云栖小镇这一区域创新生态系统的各个阶段始终发挥着总领全局的作用，通过确定杭州为云计算创新发展试点城市、贯彻工信和信息化部《关于进一步促进产业集群发展的指导意见》、颁布《深化"互联网+先进制造业"发展工业互联网的指导意见》等，对区域创新生态系统提供政策支持和战略引领。

而企业创新生态系统的核心主体是焦点企业，不具备政府这样的行政权威性，而且，在创新生态系统发展过程中，企业的身份也可能会发生转变（Wareham et al.，2014）。因此，随着外部技术和市场环境的变化，企业创新生态系统中核心主体的地位也在不断变化，而不一定处于系统的核心位置。以海尔为例，在其创新生态系统成立初期，由于缺乏别国经验，也没有参与政策论坛活动，此前，少有企业涉足这种花费大量时间和资源，又不以提升自身创新绩效为目标的创新生态系统实践。海尔基于此前的全球研发网络打造线上线下互通的创新生态系统，制定了一系列制度引导系统早期的成长。但随着规模不断扩张，越来越多的创新资源点被接入海尔创新生态系统，系统内的创新合作体系也相对完善，海尔便开始不断弱化自身地位，扮演的角色从核心权威转为幕后的服务者，完善各创新主体在生态内开展创新活动所需的基础设施建设，不再处于系统的绝对核心地位，只对海尔企业内部参与者的活动进行管控。换言之，对于目前的海尔创新生态系统，海尔是否参与创新活动、对创新活动是否进行管控，是否持续性投入大量资源以引导系统发展都不会对系统运行造成很大冲击，整个生态系统能形成自我发展的良好循环。

3. 核心主体身份的二元性

在国家创新生态系统、产业创新生态系统、区域创新生态系统中，核心主体与参与者之间是基于权威的管控关系，核心主体并不直接参与价值创造活动，而是通过对创新参与者之间的关系治理来保障创新活动的顺利进行。例如在杭州云栖小镇中，政府通过推出系列政策和规则给予制度设计和战略支持，引导区域创新生态系统内的创业企业、孵化器、科研机构、金融机构等有效配合，而自身并不直接参与创造价值。

在企业创新生态系统中，焦点企业作为核心主体，其自身以及内部的次级参与者都可以成为创新价值链上的重要环节，包括技术提供、需求拆解、供需匹配、样品生产、批量生产、商业化等。因此，作为核心企业在创新生态系统中存在身份和关系的双重性，既要负责系统运行的维持，又会直接参与创新生态活动，即同时扮演"裁判员"和"运动员"的角色。这种与其他参与者之间关系的二元性导致的一个最大问题是如何建立公信度,让其他参与者放心地贡献出自己的创新资源而不用担心核心主体的侵占和"搭便车"行为。比如海尔在参与生态活动时建立了海尔 HOPE 平台,收集了大量企业的技术资源。海尔对这些资源的使用并不是无偿的,而是要与相关企业签署合同并协商好利益分配。

但对海尔来说,由于平台是自建的,要使用这些资源为自己创造价值易如反掌,因此如何处理好核心主体身份的双重属性将直接决定整个生态系统的发展潜力。这种身份的二元性也使得生态系统中创新资源和关系的协同机制变得更加复杂,焦点企业既无法像政府等机构一样采用政策颁布、权威治理等传统手段来促进系统内创新,也不能单纯地从市场角度出发,通过扮演"运动员"的身份来带动创新(Oh,2016;Jacobides et al.,2018)。

4. 参与者合作关系复杂性

承接"系统结构上呈现多层次性",企业创新生态系统中,由于嵌套结构的存在,参与者根据其不同的属性被划分成外部企业参与者和内部部门参与者,内部部门参与者可以独立参与外部生态活动,这种结构加剧了企业创新生态系统内参与者关系的复杂性。系统核心主体对于同级参与者之间合作关系的协同与跨级参与者合作关系的协同是不同的。比如海尔下属的冰箱产业线小微组织可以选择内部采购技术,也可以利用总部的平台和外部的技术供应商直接建立合作关系。在这个过程中,海尔对于内部之间的合作关系与内外的合作关系的管理和协同要因人而异，采取不同的手段促进合作。

总体来看，企业创新生态系统由于核心主体的改变导致其在系统结构、核心主体地位、核心主体身份、参与者合作关系四个维度产生了变化，很多现象和研究话题与国家创新生态系统、产业创新生态系统、区域创新生态系统有所不同（见表1-3），因此，有必要对企业创新生态系统进行独立分析。

表 1-3　企业创新生态系统与其他创新生态系统的对比

	企业创新生态系统	国家创新生态系统、产业创新生态系统、区域创新生态系统
代表案例	海尔创新生态系统	国家创新生态系统、高铁创新生态系统
核心主体	焦点企业	政府、行业协会、政府代理机构等
系统结构	多层内外嵌套	核心-外围的单层结构
核心主体地位	由弱变强	强
核心主体身份	管控者+参与者	管控者
参与者关系	同级、跨级	同级

资料来源：孙聪. 平台型企业创新生态系统协同机制研究 [D]. 杭州：浙江大学，2021.

综上，我们把企业创新生态系统定义为：焦点企业以自身为核心主体，利用数字技术，提供核心组件和边界资源，赋能各类参与者协同创新、价值共创共享的创新生态系统。为了更深入地理解这个概念，我们对企业创新生态系统的特征做以下概括：

（1）要素-关系-结构方面。焦点企业主导了创新生态系统核心组件和边界资源的构建，而企业、团队、个体等参与者凭借自身异质性资源，通过边界资源接入生态系统，利用焦点企业提供的核心组件进行互补式创新，在生态系统中占据特定的生态位。

（2）功能-治理方面。焦点企业利用数据、技术、资金、合法性资源，通过创新生态系统为参与者赋能，使参与者自发地面向顾客需求开展协同创新，使价值共创共享。在此过程中，参与者相互协调、共生演化，虽然个体呈现出自生长、自发展、自消亡的特征，但系统在一定时期内仍处于相对稳定的动态平衡状态。

1.3.2　企业创新生态系统的特征

由于企业创新生态系统的核心主体为企业自身，相较于国家创新生态系统、产业创新生态系统、区域创新生态系统，企业创新生态系统在自生长性、自组织性、自循环性三个方面有更为独特的表征。

1. 自生长性

自生长性是组织的整体能力，它能产生由大量多样的受众所驱动的自发变化（Adner，2016）。企业创新生态系统的自生长性是指它允许各类生态系统参与者在系统内自发地产生、发展、互动、协调。不同于国家创新生态系统、产业创新生态系统、区域创新生态系统，企业创新生态系统的核心主体是焦点企业，它不具有强制性和权威性机制来贯穿自上而下的顶层设计思路，而是要通过共享价值主张与创新资源的吸引，使参与者更多地呈现出自下而上、自然而然生长的景象。焦点企业建立创新生态系统后，需要确立特定的进入门槛和基本运行规则，各种各样的参与者就会自主加入生态系统以寻找创新的机会，犹如各类植物、动物在自然界中自我生长起来。生态系统内的众多参与者在竞争合作过程中进入、退出、发展、重新进入，不断补充和扩展整个生态系统的功能，为更多参与者的生长创造了机会。企业创新生态系统内的产品、组织、业务边界逐渐变得模糊，使得各子系统可以在生态系统中不断地完善和扩充，逐步丰富和扩展创新生态系统的功能，也为各类衍生创新带来了大量的机会，不断催化参与者在生态系统中自我生长。企业创新生态系统内各生态位之间自发合作、联合行动，能够实现动态的自我维持和强化，促进参与者的自我生长与繁衍。

2. 自组织性

自组织性即场域内创新主体之间的交互和关系的演化发展有促使整个场域从无序到有序进化的趋势，这种方向上的倾向会促进协同效应的发展，反过来影响整个系统协同的自组织发展（Fusfeld and Haklisch，1987）。企业创新生态系统本身会随着环境的变化而演化，拥有一定的自组织能力（Luo，2018）。由于不受政府等科层式组织的强行政力量限制，企业创新生态系统中参与者角色不确定，创新生态系统的结构、内部参与者行为、参与者之间相互关系等都呈现自组织性。

首先，系统内企业对于资源的需求不再是围绕核心产品或技术的定向需求（Thomas et al.，2014），而是可以通过对产业技术发展方向的理解，在系统内接触很多其他领域的潜力技术来巩固和获取竞争优势。在这种情况下，创新的来源、过程以及最终产出都会变得十分复杂，但也创造了有利于创新的多要素混合情景。

其次，焦点企业作为生态系统的构建者，其角色、地位和发挥的作用都有转型趋势。很多企业生态系统的核心企业，诸如海尔、小米都不再是系统的核心活动组织者，转而担当系统协调者来维护系统的稳定运作，只负责搭建成员交互的基础设施并提供资源。焦点企业无法像政府机构一样采用政策颁布、权威治理等来促进系统内创新，这使得传统命令式的协同机制无法生效，但在市场作用下，参与者会积极交互、自发创新。

最后，企业生态系统内部的结构随着环境变化也在不断演化，不需要依赖核心企业的专门组织。在创新平台中，企业往往作为独立个体参与平台上的创新价值活动，而在企业创新生态系统中，企业内的子组织甚至个人都可以自发打破组织边界的约束，直接参与创新生态活动中。

3. 自循环性

自循环性是指场域内的创新主体随时间具有循环迭代的特点。企业创新生态系统中，除了居于核心地位的平台领导者外，各生态位的参与者都有可能从诞生到消亡，由其他参与者填补这一生态位，总体呈现出循环的特点（Jacobides et al., 2018）。由于企业创新生态系统的构建者是焦点企业，它们的身份不同于国家创新生态系统、产业创新生态系统、区域创新生态系统中作为构建者的政府或行业协会，平台领导者不可能像政府那样对系统发展进行宏观方向的掌控和微观制度设计，不可能通过颁布政策等强硬手段来确立各个生态位的参与者，也不可能利用政策手段对特定类型的参与者提供扶持，因此，企业创新生态系统内的参与者只能像自然生态中的个体和群体一样接受自循环的命运。企业创新生态系统是由一群具有共同目标、利益与资源分享目的而集聚在一起的参与者构成，平台领导者只能制定系统内公认的准则来维护系统的稳定和发展，无法完全控制每个生态位的参与者，不能决定特定参与者的生存或是灭亡。企业创新生态系统的发展既由系统内众多参与者决定，又取决于外部技术和市场环境变迁，例如技术的更新换代、用户需求的转变、宏观政策环境的变化等都会导致生态系统发展方向的变化，这一动态过程也会对企业创新生态系统内不同节点带来持续性影响：参与者需要协同演变，随企业创新生态系统不断发展，否则就会被其他参与者替代，最终呈现出一个相对平衡、动态稳定的循环过程。

1.4　本书内容设计

我们在前面提出了企业创新生态系统的内涵与特征，接下来将进一步打开企业创新生态系统的内部关系和结构，并对它进行种类划分，观察不同类型的企业创新生态系统中制度安排、参与主体和创新活动等要素的异同点，以及企业创新生态系统的构建过程。然后，我们将明确企业创新生态系统如何发挥催化创新的基础性功能，将创新生态系统的价值和能量作用在嵌入其中的创新主体上。随后，我们将关注不同类型的企业创新生态系统的创新行为模式，在不同类型的企业创新生态系统的独特情境下，探索企业创新生态系统内参与者创新行为的独特规律。新模式蕴藏着新机会，但同样带来了新的困难和挑战。进一步地，我们将直面企业创新生态系统的治理困境，提出未来可能的系统治理体系，为生态系统中知识产权治理提出方案。最后，我们将对全书做出总结，凝练企业创新生态系统的新范式，为该领域的未来研究进行展望。全书内容架构如图 1-1 所示。

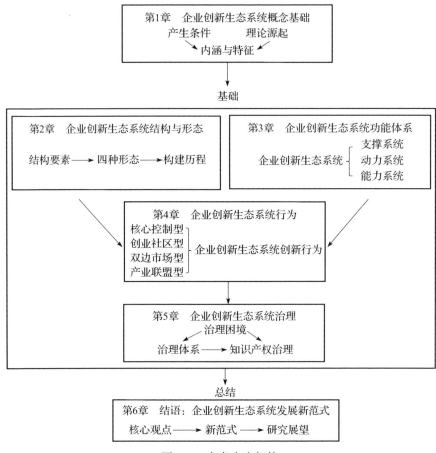

图 1-1　全书内容架构

1.4.1　结构与形态

本书将总结企业创新生态系统的结构要素，梳理企业创新生态系统的基础设施与制度安排、用户及供应商等互补者及其创新创业活动、价值创造支持者及其资源支撑作用。接下来，本书从治理结构与产业结构两个维度出发，将企业创新生态系统划分为核心控制型、创业社区型、双边市场型、产业联盟型四种形态。其中，核心控制型是在单一产业中由核心企业治理的生态系统，如华为、美的；创业社区型是多产业嵌入一个由核心企业构建的平台上，大量创业者通过该平台从事创业活动，整个系统受核心企业治理，如海尔；双边市场型由嵌入平台的供应商与客户构成，由多种类型主体共同治理，并通过交易平台实现多元产业的协同发展，如淘宝、京东；产业联盟型是在单一产业中形成的多主体共同治理的生态系统，如高铁、商用飞机。最后，本书将阐释不同类型企业创新生态系统的构建路径。

1.4.2 功能体系

本书从创新参与者的角色出发，以动态视角总结企业创新生态系统内部的节点类型及其关系，包括焦点企业、供应商企业、客户企业、竞争者企业、互补企业等。根据企业创新生态系统中不同节点功能的不同，本书提出企业创新生态系统的功能系统，具体包括创新支撑系统、创新动力系统、创新能力系统，并以三个系统为基础阐释企业创新生态系统独特的创新过程。其中，创新支撑系统包括服务型数字平台、在线创新社区等，它们是系统的基础支撑。创新动力系统和创新能力系统分别表征了企业创新生态系统内部不同参与者之间的创新动力激发和互补能力协调，反映系统内的创新赋能机理。

1.4.3 创新行为

不同形态的企业创新生态系统中的创新行为有所差异，对此应具体分析。核心控制型生态系统中，焦点企业位于价值链的顶端，系统内参与者的创新行为，乃至技术路线、经营方式和生态位势等很大程度上都由焦点企业主导；创业社区型生态系统往往强调横向沟通与协作，其管理与运作更多依靠多主体的联合自治行为而不是科层治理机制，更具有开放式创新的特点；双边市场型生态系统建立在平台提供者、各种供应商、客户等节点单元所构成的平台基础上，各个节点在独立创新并创造价值的同时借助外部性来相互影响，最终实现平台价值最大化；产业联盟型创新生态系统以特定产业的创新联盟为基础，由各种占据不同但彼此相关生态位的成员企业组成的动态结构系统，其关键创新参与者包括焦点企业、伙伴企业和客户企业，形成"焦点企业＋伙伴企业＋客户"的协同创新模式。

1.4.4 治理机制

创新生态系统的治理意味着从单一企业创新治理体系向新型组织创新生态系统的网络治理体系转变。企业创新生态系统的参与者之间呈现相互依赖的合作伙伴关系，焦点企业与互补企业、同行竞争者、供应链企业和客户之间形成类似于生物与生物之间、生物与环境之间互利再生的生态系统，不同生态位上的节点企业功能不同、构成各异、形态多样，它们之间不再是单纯的契约治理、关系治理或科层治理关系，而是多种治理机制融合的网络治理关系，需要根据治理主体异质性、治理范围跨边界、网络形态多样性、治理关系复杂性，设计出适应企业创新生态系统的治理机制。同时，还应注重企业创新生态系统中的知识产权政策设计，结合企业创新生态系统的特点，一方面完善创新规制和知识产权保护机制等独占性体制，另一方面构建有利于不同创新参与者协同创新的认知环境、社群环境和中介组织环境，完善基于规范的合法性制度体系。

结合上述研究问题，本书遵从下述逻辑对企业创新生态系统展开研究。第 2 章将详细阐释企业创新生态系统的结构要素，按照产业结构和治理结构两个维度对企业创新生态系统进行四种形态的划分，并解释不同类型生态系统的构建路径；第 3 章将探究这一新型组织形式的创新过程，具体展开为对创新支撑系统、创新动力系统、创新能力系统的论述；第 4 章按照企业创新生态系统的分类，分别探究核心控制型、创业社区型、双边市场型、产业联盟型中的多主体创新行为；第 5 章将探讨企业创新生态系统的治理机制，从治理困境出发，引出企业创新生态系统中的双元治理体系，并对企业创新生态系统中的知识产权问题着重分析；我们将在第 6 章进行深化与总结，打开新范式，总领新格局。

参考文献

[1] ADNER R. Match your innovation strategy to your innovation ecosystem[J]. Harvard business review, 2006, 84(4): 98-107, 148.

[2] ADNER R. Ecosystem as structure[J]. Journal of management, 2016, 43(1): 39-58.

[3] AMITRANO C C, COPPOLA M, TREGUA M, et al. Knowledge sharing in innovation ecosystems: a focus on functional food industry[J]. International journal of innovation and technology management, 2017, 14(5): 1-18.

[4] BOSCH-SIJTSEMA P M, BOSCH J. Plays nice with others? multiple ecosystems, various roles and divergent engagement models[J]. Technology analysis strategic management, 2015, 27(8): 960-974.

[5] BOUDREAU K. Open platform strategies and innovation: granting access vs. devolving control[J]. Management science, 2010, 56(10): 1849-1872.

[6] CARAYANNIS E G, CAMPBELL D F J. "Mode 3" and "Quadruple Helix": toward a 21st century fractal innovation ecosystem[J]. International journal of technology management, 2010, 46(3-4): 201-234.

[7] CHUNG S. Building a national innovation system through regional innovation systems[J]. Technovation, 2002, 22(8): 485-491.

[8] DAVIDSON S, HARMER M, MARSHALL A. Strategies for creating and capturing value in the emerging ecosystem economy[J]. Strategy leadership, 2015, 43(2): 2-10.

[9] FUSFELD H I, HAKLISCH C S. Collaborative industrial research in the U. S. [J]. Technovation, 1987, 5(4): 305-315.

[10] GAWER A, CUSUMANO M A. Industry platforms and ecosystem innovation[J]. Journal of product innovation management, 2014, 31(3): 417-433.

[11] GOMES L, FACIN A L F, SALERNO M S, et al. Unpacking the innovation ecosystem construct: evolution, gaps and trends[J]. Technological forecasting social change, 2018, 136(4): 30-48.

[12] GIUDICI A, REINMOELLER P, RAVASI D. Open-system orchestration as a relational source of sensing capabilities: evidence from a venture association[J]. Academy of management journal, 2018, 61(4): 1369-1402.

[13] IANSITI M, LEVIEN R. Strategy as ecology[J]. Harvard Business Review, 2004, 82(3): 68-78.

[14] INTARAKUMNERD P, CHAIRATANA P A, TANGCHITPIBOON T. National innovation system in less successful developing countries: the case of

Thailand[J]. Research policy, 2002, 31(8-9): 1445-1457.

[15] JACOBIDES M G, CENNAMO C, GAWER A. Towards a theory of ecosystems[J]. Strategic management journal, 2018, 39(8): 1-38.

[16] KOENIG G. Business ecosystems revisited[J]. Management, 2015, (15): 208-224.

[17] LAU A W, LO W. Regional innovation system, absorptive capacity and innovation performance: an empirical study[J]. Technological forecasting social change, 2015, 92: 99-114.

[18] LEYDESDORFF L, PORTO-GOMEZ I. Measuring the expected synergy in Spanish regional and national systems of innovation[J]. The journal of technology transfer, 2019, 44(1): 189-209.

[19] LUO J. Architecture and evolvability of innovation ecosystems[J]. Technological forecasting social change, 2018, 136: 132-144.

[20] MCINTYRE D P, SRINIVASAN A. Networks, platforms, and strategy: emerging views and next steps[J]. Strategic management journal, 2017, 38(1): 141-160.

[21] MOORE J F. Predators and prey: a new ecology of competition[J]. Harvard business review, 1993, 71(3): 75-87.

[22] NAMBISAN S, SAWHNEY M. Orchestration processes in network-centric innovation[J]. Academy of management perspectives, 2011, 25(3): 40-57.

[23] OH D, PHILLIPS F, PARK S, et al. Innovation ecosystems: a critical examination[J]. Technovation, 2016, 54: 1-6.

[24] RASIAH R, SHAHRIVAR R B, AMIN A S. Host-site support, foreign ownership, regional linkages and technological capabilities: evidence from automotive firms in Indonesia[J]. Asia pacific business review, 2016, 22(1): 38-47.

[25] RITALA P, ALMPANOPOULOU A. In defense of 'eco' in innovation ecosystem[J]. Technovation, 2017, 60-61: 39-42.

[26] TRAITLER H, WATZKE H J, SAGUY I S. Reinventing R&D in an open innovation ecosystem[J]. Journal of food science, 2011, 76(2): 62-68.

[27] WAREHAM J, FOX P B, CANOGINER J L. Technology ecosystem governance[J]. Organization science, 2014, 25(4): 1195-1215.

[28] ZAHRA S A, NAMBISAN S. Entrepreneurship in global innovation ecosystems[J]. AMS review, 2011, 1(1): 4-17.

[29] 李万, 常静, 王敏杰, 等. 创新3.0与创新生态系统[J]. 科学学研究, 2014（12）: 1761-1770.

[30] 吕一博, 蓝清, 韩少杰. 开放式创新生态系统的成长基因——基于iOS、Android和Symbian的多案例研究[J]. 中国工业经济, 2015（5）: 148-160.

[31] 梅亮, 陈劲, 刘洋. 创新生态系统: 源起、知识演进和理论框架[J]. 科学学研究, 2014（12）: 1771-1780.

[32] 孙聪, 魏江. 企业层创新生态系统结构与协同机制研究[J]. 科学学研究, 2019, 37（7）: 1316-1325.

[33] 孙聪. 平台型企业创新生态系统协同机制研究[D]. 杭州: 浙江大学, 2021.

[34] 许庆瑞, 陈劲. 中国技术创新与技术管理展望[J]. 管理工程学报, 1997（S1）: 2-9.

[35] 魏江, 刘洋. 数字创新[M]. 北京: 机械工业出版社, 2020.

[36] 魏江, 杨洋, 邬爱其, 等. 数字战略[M]. 杭州: 浙江大学出版社, 2021.

[37] 魏江. 创新系统演进和集群创新系统构建[J]. 自然辩证法通讯, 2004, 26（1）: 58-64.

[38] 曾国屏, 苟尤钊, 刘磊. 从"创新系统"到"创新生态系统"[J]. 科学学研究, 2013（1）: 4-12.

ENTERPRISE
INNOVATION SYSTEM
——

第 2 章

企业创新生态系统结构与形态

相较于以权威机构为核心的传统创新生态系统，企业创新生态系统的核心主体基于自己身份的二元性和转变性有了不同的角色及特征，导致企业创新生态系统的构建和运行机制变得更加复杂多变。同时，随着数智技术的嵌入，企业创新生态系统中创新主体的创新活动打破了地理和产业临近性约束的假设，呈现出多样化的表现形式，核心企业把已有的创新基础设施连接起来，接触更多的生态伙伴，使得整个创新生态系统中创新参与者的构成与关系变得更加复杂，呈现出不同特征的系统形态与结构。本章将详细阐述企业创新生态系统的结构要素与形态分类，结合实际案例剖析企业创新生态系统的构建历程，为后面探究创新过程、行为与治理机制打下基础。

2.1 企业创新生态系统的结构要素

英国学者 Johnson（2011）以珊瑚礁系统做类比，讨论了创新生态系统的构成。他从达尔文所观察与研究的珊瑚礁形成讲起，认为一座珊瑚礁就是一个生态：沙堤、岩面、暗礁之间的巨大裂缝，提供了数以百万计的海洋生物家园，形成了一个拥有无限多样性的巨大海底都市。达尔文把环礁体系看成由无数渺小的生命建筑师所创造的永恒工程：细小的珊瑚虫以水藻为食并稳定地工作着，通过制造霰石骨骼，老一代珊瑚也随之死去，并为成长于其上的新生珊瑚礁奠定了组织基石。这样的珊瑚礁生态以错综复杂与相互依赖的食物网络为特点，数量众多而又密切相关的物种有效地重复利用资源，创造了复杂的营养循环系统，产生了神奇的避难所和海洋生物的垃圾回收场，为千百万种海洋生物创造了繁衍共生的平台，使其能够生生不息地繁殖进化，即使在营养贫乏的海域里，也繁衍了大量纷繁复杂的海洋生物，创造出充满力量与生机的生态系统。管理实践中的生态系统同样有许多要素构成，Adner（2010）指出，生态领导者（核心企业）、生态参与者以及参与者关系是创新生态系统的核心要素。本节将详细阐述企业创新生态系统中各类构成要素以及要素间的关系与结构。

2.1.1 生态领导者

生态领导者是企业创新生态系统中扮演引领作用的核心主体。比如，智能家居生态系统中的海尔、美的，软件生态系统中的微软，智能电网能源生态系统中的思科、国际商业机器公司（IBM）、通用电气等，也可以称为企业创新生态系统中的焦点企业或核心企业。这些企业既是生态系统的领导者又是参与者，因而往往不具备中立性（Mäkinen et al.，2013）。与一般的生态系统不同，企业创新生态系统中的领导者是整个生态系统的核心，提供一个技术的基础架构赋能大量的参与者以创造价值，主要作用是协调和治理所有参与者（Hein et al.，2020）。由于生态领导者掌握了系统架构和所有资源通道，它本身可作为参与者参与企业创新生态系统的整个价值创造过程（Adner，2017；Jacobides et al.，2018；Zhu and Liu，2018；魏江、刘洋，2020）。这就使得核心企业具有了生态系统"领导者"和"参与者"的双重身份。

生态领导者作为企业创新生态系统中战略和资源的中心，是系统内部能量传递和成员交替的枢纽，其行为和能力直接影响着系统的各项活动，大多数企业创新生态系统的构建均根植于核心企业的发展诉求，因此核心企业的行为决策对创新生态系统至关重要（Adner，2010）。生态领导者主导作用的主要表现：一是根据技术的发展趋势和企业技术创新需要，科学选择创新合作项目，并发挥创新合作项目决策和投资主体作用；二是一些生态领导者不一定参与具体的创新合作项目研发，但是，需要把握整个研发过程的技术市场价值发挥并使其最大化；三是承担着整个生态的研发合作计划制定者、合作研发效益分配者、创新合作任务绩效考核者等角色。

2.1.2 生态参与者

参与企业在生态系统演化过程中发挥着重要的作用（Nambisan

et al.，2018）。企业创新生态系统的价值创造依赖大量自组织代理人（Adner，2017；Jacobides et al.，2018），这些参与者基于平台提供的可供性进行交易和衍生创新，持续创造新的价值（Dokko et al.，2014），推进企业创新生态系统的自我发展和演化（刘洋等，2020；Nambisan et al.，2019）。

企业创新生态系统中的参与者主要包括以下三类。

一是直接价值创造者，包括供应商、互补者和用户等。例如半导体光刻生态系统中的镜片和面罩生产商，乐高生态系统中的用户社群，云计算生态系统中的用户等。他们是整个企业创新生态系统的中流砥柱，也是用户价值的创造者。

二是价值创造支持者，包括行业领域专家等。比如，医疗生态系统中的医师、医疗员工和专家；当地生态系统中的大学和公共研究机构；BoP纺织生态系统的创业者。他们虽然不直接为用户价值添砖加瓦，但是在整个企业创新生态系统的价值创造过程中提供重要的专业指导和支持。

三是辅助角色，包括创业服务提供者、赞助商和监管者等。常见的有互联网硬件、软件生态系统中的服务提供者，生物医药创新生态系统的政策制定者。这类参与者与用户和行业专家类似，往往在创新生态系统创立初期便参与进来，伴随系统的扩张而成长。

企业创新生态系统的价值创造主要通过交易和创新两大机制实现：一是平台作为中介准确连接了不同参与者之间的交易过程，并激发网络效应为交易双方带来价值；二是平台为参与者提供了大量边界资源以支撑平台参与者的创新活动（Hein et al.，2020）。这两大价值创造机制的主体均是企业创新生态系统的参与者。

2.1.3 参与者关系

Moore（2006）认为创新生态系统内部企业间存在一种"竞合共生"关系，而不仅仅是竞争或合作，因为单一的竞争战略或合作战略都无法使企业有效应对变幻的经济环境和外部挑战。创新生态系统内的创新主体间既会有激烈的竞争，也会有大量基于比较优势的分工与合作，合作关系并不否认竞争的存在，企业既可以在与其他组织的竞争中寻求合作的机会，也可以通过合作更有效地展开良性竞争，在合作过程中可能还会产生新的竞争关系，所以竞合是在变动中发展的。创新主体间在竞合过程中实现了资源、能力、产品、技术等互补性增值，进而创造出个体无法产出的价值，实现了创新个体、物种、群落的快速成长，推动了整个生态系统的协同发展。

企业创新生态系统的核心特征是互补性（Adner，2017；Jacobides et al.，2018），生态内参与者的关系首先就体现在互补性上（王节祥等，2021）。企业创新生态系统中所有参与者之间的互补性是决定多边依赖关系的关键（Jacobides et al.，2018；Teece，2018）。最早在管理学研究中探讨互补性的是 Teece 提出的 PFI 框架，其中的重要定义是互补性资产（Teece，1986）。互补性资产是指实现核心技术创新的关键配套资产。PFI 框架的核心观点是，由于独占性机制执行成本高、主导设计容易模仿，企业要从创新中获利，占据互补性资产极为重要。互补性资产的概念与互补性是一体两面，前者强调价值获取，后者则强调价值创造。Jacobides 等（2006）将互补性解读为两个或两个以上资产相互适应的程度，即两者结合所产生价值的高低程度。

对于创新生态系统，由于系统目标、所处行业、内部参与者关系等要素都存在各种差异，因而自成立之初，其就可能有着截然不同的成长路径。从理论角度来说，影响成长路径的最重要因素是系统中互补性类型上存在差异。根据互补双方发挥作用的条件和彼此的依赖程度不同，Jacobides等（2018）把互补性分为超模互补性和独特互补性两种。其中，超模互补性是指"A越多，则B更有价值"。A和B可以是两种不同的产品、资产或活动。比如苹果的iOS应用程序生态系统中，应用程序（A）增加导致了iOS操作系统（B）更具竞争力和市场价值，并且iOS操作系统（B）的广泛安装也会增加应用程序（A）的价值，这时，A和B具备超模互补性。与之相对的，独特互补性是指"A没有B就不能发挥其功能"，其中A和B可以是特定项目、步骤或活动。在苹果的iOS应用程序生态系统中，应用程序（A）和平台（B）具有独特互补性，即在没有iOS的运行环境情况下，该应用程序无法运行。

通过分析，本节对企业创新生态系统中各类要素以及这些要素之间的互补关系进行阐述，生态领导者是企业创新生态系统中扮演引领作用的核心主体，其作用主要是提供一个技术的基础架构赋能大量的参与者以创造价值，同时协调和治理所有参与者。生态参与者在生态系统演化过程中同样发挥着重要的作用，主要包括直接价值创作者、价值创造支持者和辅助角色等。生态参与者的关系更加关注的是参与者直接的协同与互补，互补性决定了整个生态以及其中个体的成长路径。

以海尔企业创新生态系统为例，海尔作为生态领导者，从创新网络构建初期开始不断致力于基础架构的设计以及合作与治理模式的探索，从契约合作发展到边界模糊、参与者种类丰富的创新生态系统。海尔企业创新生态系统的参与者关系达成了促进系统内所有参与者创新价值最大化的最终目标，不断吸引创新资源的加入，与系统内技术需求自主互动，相互促进形成良性循环，极大地加快系统内的创新进程。在接下来的章节中，我们将根据要素与关系分析企业创新生态系统的形态分类，并结合海尔与小米的具体案例分析企业创新生态系统的构建历程。

2.2 企业创新生态系统的形态分类与异同

通过对大量企业创新生态系统的案例分析，我们提出了区分企业创新生态系统类型的两个重要维度：治理结构与产业结构，并基于此提出核心控制型、创业社区型、双边市场型、产业联盟型四种形态。其中，核心控制型是在单一产业中由核心企业治理的创新生态系统，如华为、美的；创业社区型多元产业嵌入由一个核心企业构建的平台上，大量创业者通过该平台从事创业活动，整个系统受核心企业治理，如海尔、小米；双边市场型由嵌入平台的供应商与客户构成，由多种类型主体共同治理，并通过交易平台实现多元产业的协同发展，如淘宝、京东；产业联盟型是在单一产业中形成的多主体共同治理的创新生态系统，如高铁、商用飞机。图 2-1 展示了四类企业创新生态系统的对比划分，本节将详细剖析四种企业创新系统的形态分类与形态异同。

图 2-1　企业创新生态系统的四种形态

2.2.1　企业创新生态系统的形态分类

1. 核心控制型企业创新生态系统

核心控制型是指核心企业位于价值链的顶端，采用规则制定、资源控制等手段，依靠经济层次对价值链参与者进行治理。核心控制型企业创新生态系统是一种"高山"形生态系统，是以核心企业为核心，占据绝对资源优势并主导节点企业的发展，其价值链具有鲜明的层级，为客户创造价值的同时不断强化核心企业地位。比较成功的典型有华为、美的、三一重工等。该类生态系统的关键创新参与者包括核心企业、供应商和客户，比如，华为主导的核心控制型创新生态系统中，华为是核心企业，价值网内有各类供应商，客户有终端消费者，也有移动运营商等企业客户，这些节点企业的技术路线、经营方式和生态位势在很大程度上都由核心企业主导。

核心控制型企业创新生态系统普遍出现于产品或服务核心技术资源集中于某家或某几家企业的行业，其余参与者通过提供辅助性资源支持来参与价值创造活动。这种模式下核心企业对技术挖掘、研发和商业化全过程具有主导权，对系统的控制强度相对较高，通过内控带动整个行业的技术发展，促进系统内每个参与者的价值创造和获取进程，实现系统繁荣。由于核心技术资源和辅助性技术资源的分布格局，核心企业与众多参与者之间是基于"独特互补性"（Jacobides et al.，2018）的合作，即参与者需要不同程度地参与核心企业的创新过程，其具备的技术资源才能创造价值，而很难独立在该生态系统内创造价值。因此参与者之间的合作强度相对较弱。

2. 创业社区型企业创新生态系统

创业社区型是指由核心企业搭建的价值共创网络，创业社区内创业氛围浓厚、创业资源丰富、创业成本较低，社区结构打破了传统的经济层级，在一定程度上由核心企业为创业企业提供资源和背书，实现创业企业和核心企业共荣共生，共同为客户提供最大化价值。创业社区型企业创新生态系统是一种"榕树"形生态系统，比较成功的典型有海尔旗下的"海创汇"创业孵化平台、小米、谷歌等。该类生态系统的关键创新参与者包括核心企业和创业企业，比如，海尔主导的创新生态系统中，海尔是核心企业，雷神、小帅影院等企业是依附海尔成长起来的创业企业，这些企业之间既是相互独立的创新主体，又是可以利用创业社区实现众包式创新、技术创业的合作伙伴。

在创业社区型企业创新生态系统中，核心企业不再强调资源的所有权，而是突出通过平台的网络效应以及双边的交互行为对系统内资源享有使用权。作为核心发挥系统协调作用的是由企业搭建的技术平台。除了直接参与创新活动，核心企业所扮演的角色更多的是系统维护者，通过社区的建设和运作维持，为众多创新参与者进行合作提供稳定持续的场域，以参与者目标和价值的实现为己任，推动生态系统和产业发展并从中受益。

3. 双边市场型企业创新生态系统

双边市场型是指能够满足双边（或多边）用户对相互依赖性和互补性产品或服务的需求，且产品或服务的供求双方之间具有交叉网络外部性，将双边用户同时凝聚到一个交易平台，促使双方达成交易的一种"哑铃"形结构市场。双边市场型企业创新生态系统是一种"海洋"形生态系统，是建立在平台提供者、各种供应商、客户等节点单元所构成的平台基础上的。各个节点独立创造价值的同时，会带来一定的外部性，相互影响最终实现平台价值的最大化。比较成功的典型有淘宝网、京东商城等。该类生态系统的关键创新参与者包括平台企业、供应商、客户。比如，淘宝网是平台企业，众多淘宝店铺是供应商，客户是全球消费者，这个生态系统中既有同质商品或服务供应商之间的恶性竞争，也有互补商品或服务供应商之间的合作共赢关系，更有供应商和终端用户之间的价值共创行为。

双边市场型企业创新生态系统的两大本质特征是双边架构与网络效应，系统中的平台提供者企业通过搭建供需方群体交互的界面，激发和强化网络效应来创造链接价值、互动价值以及个性化服务价值，因此有效整合供需资源、促成供需交互是双边市场型企业创新生态系统协调价值共创的基本逻辑。在这个过程中平台企业扮演着至关重要的角色，这些企业通过基础设施支撑、创新创业动力激发、赋能参与者功能、协同创新和产出四大基础性功能为整个生态系统的创新提供支撑。

4. 产业联盟型企业创新生态系统

产业联盟型是指两个或两个以上伙伴企业开展以资源共享、优势互补等为目的、以承诺和信任为特征的合作活动。产业联盟型企业创新生态系统是一种"雨林"形生态系统，是以特定产业的创新联盟为基础，由各种占据彼此相关的不同生态位的成员企业组成的动态结构系统。比较成功的典型有高铁产业联盟、商用大飞机产业联盟。该类企业创新生态系统的关键创新参与者包括核心企业、伙伴企业和客户企业。比如，高铁产业联盟中，中车是核心企业，各类配套企业为伙伴企业，客户企业是中国国家铁路集团有限公司。这些创新参与者之间或者呈现出供应链关系，或者呈现出互补关系。

产业联盟型企业创新生态系统往往出现在那些核心技术资源未被一家或少数几家企业独占的行业中，众多行业内占据一定竞争优势地位的企业会选择强强联合的方式成立创新生态系统。这些企业通过结成同盟，在综合多方资源的基础上联合成立企业创新生态系统，以提高自己在生态竞争中的话语权。这种以企业间组建联盟为核心的创新生态系统，由于集聚了众多联盟核心企业的竞争优势，与系统中（联盟外）的其他创新参与者进行合作时，具备更强的议价能力，因而联盟对系统的内控强度仍然会保持相对较高的水平。但同时由于核心技术在该领域内并不是由一家或几家企业独占，众多创新参与者可以在借助生态系统内流动的资源信息基础上自行进行创新合作,所创造的价值再反哺生态系统推动系统发展,因此参与者之间的合作强度也属于较高水平。

2.2.2 企业创新生态系统的形态异同

结合前面对于四种形态的描述与分析,四类企业创新生态系统的异同在于以下五点。

第一,四类企业创新生态系统在核心主体(系统构建和治理者)上都满足以企业为核心。发挥作用的核心分别是单一或少数企业、企业联盟以及企业建立的平台,因此区别于国家创新生态系统、产业创新生态系统或区域创新生态系统,核心主体无法实施基于权威的治理和协同。

第二,四类企业创新生态系统都满足系统结构的多层次性,即参与生态活动的既包括企业级单位,又包括企业内部的部门级单位,存在结构上的分层和嵌套。

第三,四类企业创新生态系统都满足核心主体地位的转换性趋势(由强变弱),但是基于对系统内核心资源的掌握程度不同,表现出的转换程度也有所差异。其中核心控制型结构中,核心企业的地位相对较强,创业社区型结构中次之,产业联盟型和双边市场型结构中核心企业表现出的地位相对较弱。

第四,四类创新生态系统中核心主体都满足身份二元性,同时扮演参与者和管理者的角色,但是基于内控强度和关系强度的不同组合,在角色上资源的配比有所区别。核心控制型企业创新生态系统中更强调参与者角色,即系统内生态活动需要核心企业的参与,产业联盟型企业创新生态系统中相对平衡,而双边市场型和创业社区型企业创新生态系统中,核心主体主要扮演系统的管理者和服务者角色。

第五,由于企业创新生态系统都体现了结构上的层次性,因此在内外参与者存在的情况下,参与者关系复杂程度都很高,需要结合不同情景有重点地进行分析。四类企业创新生态系统异同对比如表2-1所示。

表 2-1　四类企业创新生态系统异同对比

	核心控制型	产业联盟型	创业社区型	双边市场型
代表案例	华为、美的	高铁、商用飞机	海尔、小米	淘宝、京东
核心主体	单一或少数独立企业	企业联盟	企业自建技术平台	企业自建交易平台
系统结构层次性	内外嵌套的多层次结构			
参与者关系复杂性	高	高	高	高
核心主体地位	强	强	强	弱
核心主体身份二元性	偏重参与者	平衡	偏重服务者	偏重服务者

2.3　企业创新生态系统的构建历程

现有对企业创新生态系统的研究已开始关注其构建历程(Huizingh,2011;Benlian et al.,2015;Arora et al.,2016),但是它们对这个过程中核心主体身份与角色、价值创造结构、核心主体与参与者关系、参与者之间关系在创新生态系统过程中的连续性变化缺乏深入探索。本节将结合海尔和小米这两家企业的案例,进一步解析企业创新生态系统中各要素以及要素间关系的演化，讨论企业创新生态系统的构建历程。

2.3.1 海尔企业创新生态系统构建历程

海尔集团成立于 1984 年，前身是青岛电冰箱总厂，1993 年于上海证券交易所上市交易。发展至今，已成为世界白色家电第一品牌，品牌电器零售量连续十年居全球第一，在全球建有十大研发中心、近 30 个工业园区，用户遍布全球超百个国家及地区。海尔集团 2021 年营业收入达 2 276 亿元，同比增长 8.5%，其中海外市场收入占比超过 50%，海尔自有品牌收入占比近 100%，已经发展成中国规模最大的跨国公司之一。

海尔企业创新生态系统的构建共经历了三个阶段，先后打开了创新活动在地理临近和产业临近上的约束，从线下创新联盟发展为全球创新网络，最终构建了企业创新生态系统。1991～2005 年，海尔为了学习全球先进技术，坚持开放式创新，同时注重内部研发与外部合作，打破研发的区域局限，与产业链内以及相关产业链条上的利益相关者建立合作关系和创新联盟。2006～2012 年，海尔弱化了与各参与主体之间的强连接关系，从绝对的核心控制者演变为网络的协调者，开始以海尔中央研究院为中心布局全球创新网络的搭建。凡是有利于网络边界扩张，提高网络中资源流动效率的参与者，无论其目标与海尔是否一致，都可以加入到网络中来。2013 年开始，海尔上线了 HOPE 平台，借助于平台的无边界性和网络的快速延展性，迅速地构建起以自身为核心的创新生态系统。系统中参与者的异质性大幅提升，系统边界愈发模糊，没有严格的进入和退出门槛机制，海尔自身也转型成母公司平台与众多小微企业并存的组织模式，小微企业和企业内部的部门之间通过市场进行互动，逐步演化出内部生态。

1. 创新联盟阶段（1991～2005 年）

海尔成立初期，技术创新的主要方式是模仿学习，研发活动的核心流程是引进外来先进技术后再加工并消化学习。但是在 20 世纪 80 年代至 20 世纪 90 年代向西方企业进行技术学习风气盛行的时候，海尔没有完全依赖引进的产品线、材料和生产技术，而是对引进设备及技术进行反向工程创新，积累自身的研发经验和能力。在当时海尔全部的 17 条流水线中，有 8 条是自主设计并生产的。这使得海尔能对外来技术有更为深刻的理解和应用。在早期模仿学习的创新合作中，由于技术积累、企业规模实力、企业声誉等客观条件的约束，海尔一直处于弱势地位。为改变这一现状，海尔决心在提高自身实力的同时坚持开放式创新，打破研发的区域局限，在创新合作中掌握主导权，其开放式创新也有了相应的突破，主要进行内向和外向两类开放式创新实践：内向型是通过打开组织边界进行信息和资源搜索，让企业接触到更多可用的知识、技术资源，从而提高对所处技术领域知识的学习能力。而外向型是指企业主动寻找外部的技术开发，进行已有技术的外部商业化，促进已有技术的快速换代并降低企业技术研发过程中的认知、交易和组织成本，帮助企业最大程度地捕获技术蕴含的商业价值。

线下创新联盟阶段，海尔创新网络结构是基于相关产业的价值链建立的，创新活动以线下合作为主，海尔作为核心参与者，与利益相关者建立合作关系，与联盟中每一个参与者进行沟通。海尔通过与不同的创新主体进行合作以创造创新价值，形成了以海尔为核心的星形结构（见图2-2）。这种星形结构下的创新联盟关系的建立和打破主要由海尔决定，一方面海尔会主动与外部创新主体联系并将其纳入创新联盟，另一方面海尔也会对找上门的合作进行严格的筛选和审查，整个联盟的门槛十分明晰。

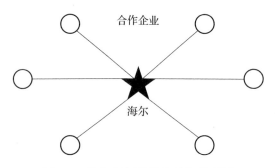

图2-2　海尔创新联盟的结构关系图

资料来源：孙聪. 平台型企业创新生态系统协同机制研究 [D]. 杭州：浙江大学，2021.

同时，在创新联盟早期，各创新主体（包括企业、政府、高校、科研机构、第三方服务机构等）与海尔建立关系的方式清一色是通过签署正式契约实现的。为了控制联盟中的机会主义行为和合作伙伴的信息不对称风险，签署合同并明确违约的结果是效率最高且效果相对较好的手段。海尔设有专门的法务部门对合同进行详细复核，进一步降低风险。2000年前后，随着海尔的品牌影响力不断提升，其联盟中合作伙伴的异质性也随之增加。由于海尔与联盟中的很多伙伴建立了一定的合作基础，有了丰富的合作经验，为了扩大合作范围并降低合作监管的难度，海尔对联盟参与者建立了详细的信用分级制度。有些企业由于其信誉评级不高，且缺少合作经验，需要依靠强有力的正式合同约束，而有些企业则可以基于信誉、合作经验等非正式契约手段进行合作，甚至对一些国际知名企业（例如爱立信），海尔不惜主动提供核心技术与之合作，来实现联盟发展。

表 2-2 中，在线下创新联盟阶段，由于海尔创新合作的目标以技术学习、联合研发、技术商业化等技术价值获取为主，其与联盟中参与者直接建立合作关系。而众多联盟参与者的合作目的与海尔一致，这种目标的一致性很容易实现创新合作。但是，参与者以相关产业链的配套企业为主，创新活动局限于线下开展，主体属性单一且短期合作偏多。换句话说，这种双边合作联盟中，大家都是各取所需，很少考虑为联盟中共同价值的创造以及长期发展尽心尽力，以实现短期效益为主。为了减少毁约等机会主义行为，维护联盟内的正常合作进行，契约合作成为最普遍使用的方式。

表 2-2 创新联盟阶段开放式创新模式

线下创新联盟阶段（1991～2005 年）	
组织结构	核心-边缘的"星形结构"
参与者关系	正式及非正式契约合作
联盟边界	清晰
创新活动约束	地理临近、产业临近
核心参与者成立目的	获取技术价值
其他参与者参与目的	获取技术价值

2. 创新网络阶段（2006～2012 年）

2006 年，海尔进入全球化战略时期，开始以海尔中央研究院为中心布局全球创新网络。随着海尔全球化创新布局和产业布局的进行，开始强化全球研发平台、市场平台，引起了内部员工和外部合作者的兴趣，海尔创新合作伙伴的异质性也不断提高，大量看中海尔渠道、设计、生产、研发等能力的企业涌入海尔的创新联盟，同时用户作为重要主体加入创新活动和模式的设计中。这些因素都让过去通过签订契约建立合作，进而创造价值的模式变得臃肿且运行困难。为了解决这些问题，海尔开始转型，将用户作为独立的创新个体加入创新体系中，建立多个用户接入口，不再强调与其他所有合作者建立直接关系，而是转为与用户建立相对独占的关系，通过对用户需求和价值的掌控来维系整个创新体系的发展，形成了一种以海尔为核心，围绕在用户周围的创新合作网络，其结构关系如图 2-3 所示。

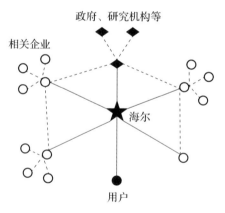

图 2-3　海尔创新网络的结构关系图

资料来源：孙聪. 平台型企业创新生态系统协同机制研究 [D]. 杭州：浙江大学，2021.

图 2-3 中，从结构上讲，创新网络与"星形结构"的创新联盟最大的区别就是海尔弱化了与各参与主体之间的强连接关系，相当高比例的创新主体是通过其他参与主体与海尔建立较弱的联系（图 2-3 中虚线），加入到海尔创新网络目的不仅是获取技术价值，也包括进行

数据、资源、渠道的共享。海尔扮演的角色也从绝对核心变为网络协调者，网络边界进一步打开，出现了比较客观的进入和退出机制，对网络中参与主体的筛选不再只凭海尔一家企业的意志，而是看是否有利于整体创新网络的发展。为了最大化网络扩张速度，该阶段海尔选择放松约束，网络合作各环节都是开放统一的，从最初资源投入到最终成果产出，价值创造全流程可以不需要海尔的参与，各参与主体可以自行选择合作的对象，最终创造的价值会在网络中流动并为大家所用，海尔会逐步完善适用于整个网络的各项制度。

此外，作为创新网络的构建者，海尔通过在网络中制定符合大家利益的统一目标以及使用合法身份构建的手段来促进和协同主体之间的合作，变被动惩罚为主动引导，并借由直接进行合作的节点企业向外传播，吸引更多的主体加入进来，快速扩大了网络规模。这种创新网络模式最大的特点就是海尔不再主持所有的价值活动，也不再严格控制整个体系边界的开闭和运营，一切靠海尔投入资源打造的统一目标体系、分享体系以及合法性评价体系等制度的引导实现，真正实现了无边界的快速扩张（见表2-3）。

表2-3 创新网络阶段开放式创新模式

全球创新网络阶段（2006～2012年）	
组织结构	直接-间接关系并存的网络结构
参与者关系	制度引导
网络边界	较清晰
创新活动约束	产业临近
核心参与者成立目的	获取技术价值
其他参与者参与目的	技术价值、渠道分析、资金支持等

3. 企业创新生态系统阶段（2013年至今）

2013年开始，海尔先后上线了HOPE平台、COSMO Plat（智能制造平台）、U+（智能家居信息共享平台）、雷神等平台，同年还与阿里巴巴集团合作成立聚焦家电等大件商品的物流平台。借助于平台无边界性和网络的快速延展性，海尔的创新生态系统在短短几年内发展迅速，孵化出了近20个估值过亿的小微企业。频繁上线各类平台让海尔的组织模式变成了"平台＋小微主＋创客"的扁平模式，并借此彻底撕掉了行业标签，建立了以企业自建平台为核心的创新生态系统。

海尔企业创新生态系统比上阶段的创新网络在结构上构成更为复杂，系统参与者异质性大幅提升，系统边界十分模糊，没有严格的进入和退出门槛机制。任何技术拥有者都有通过海尔线上技术平台与用户需求进行交互，解决问题并创造价值的机会。为了更好地进行管理，海尔将创新生态系统中参与者的属性简化为用户和技术（产品／服务）提供商两种。双方可以在海尔建立的平台渠道上自行交流合作，因此海尔吸引了一大批用户和技术资源方入驻。同时由于海尔转型为母公司平台与众多小微企业并存的组织模式，海尔内部小微企业和部门之间通过市场链进行互动，逐步演化出内部生态的特点：一方面，海尔作为核心主体是其打造的创新生态系统的主要参与者；另一方面，海尔自身也是一个生态系统，企业内部的部门可以作为独立主体参与外部创新生态系统的活动，形成了平台式生态系统嵌套的现象（见图2-4）。在这个结构中，用户仍然是价值活动围绕的核心，但海尔放宽了对用户资源的独占，用户现在可以借助平台资源直接与技术提供方进行合作。由于生态嵌套的存在，内部生态系统不同参与者可作为独立完整的实体与外部生态系统中的各方产生关系，突出了平台架构在整个生态系统中发挥的作用。

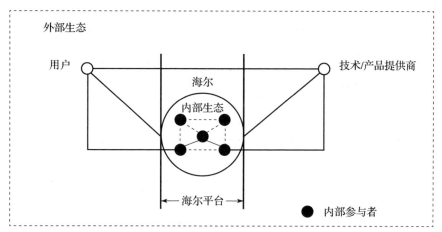

图 2-4　海尔创新生态系统的结构关系图
资料来源：孙聪. 平台型企业创新生态系统协同机制研究 [D]. 杭州：浙江大学，2021.

特别地，这种内部生态系统与外部生态系统最大的区别是内部生态系统有明确的边界，也就是海尔的组织边界，其结构更像是组织内部基于平台的科层结构，海尔对其内部的参与主体之间的活动行为有绝对的领导权。但当企业活动上升到外部生态层面之后，海尔就会打破内部主体的组织（生态）边界，鼓励内部参与者主动独立地和外部生态系统中的主体进行交流。内外嵌套的平台型生态系统结构秉承了海尔"人单合一""自主经营体"等模式的核心理念，即"倒三角"的组织和价值分配模式，由接触用户的一线员工进行决策，最大限度地保障以用户为中心的价值主张，提高资源的利用效率，也避免大企业人浮于事的弊病。

表 2-4 中，海尔为实现更多领域的技术布局、技术资源的无障碍进入以及利益相关者利益最大化的良性循环，将组织转型成为"平台＋小微主＋创客"的提供创客服务的网络组织，在保证核心产品竞争优势的同时，建立全球技术监测网络，对有潜力的技术项目进行投资孵化，将其纳入创新生态系统以丰富生态系统的版图，在打破创新活动地理约束的基础上，进一步打开产业临近性的限制。

表 2-4　企业创新生态系统阶段的开放式创新模式

企业创新生态系统阶段（2013年至今）	
组织结构	内外嵌套的平台结构
参与者关系	内部参与者：内部契约、科层治理 外部参与者：外部契约、平台匹配
系统边界	模糊
创新活动约束	无
核心参与者成立目的	促进全系统的价值创造
其他参与者参与目的	技术价值、渠道分析、资金支持等

在这种复杂的企业创新生态系统结构中，由于内外部生态系统并存的嵌套结构，对参与者关系的讨论要分类进行：内部参与者之间的关系既要依靠签订企业内部合同，又要遵从母公司平台的科层管控；外部生态系统中各参与者之间的关系连接一方面靠在生态系统中主动寻找合作伙伴并签署合作合同，另一方面海尔在生态系统中通过线上技术平台搭建了各种技术资源以及需求的储备库，来收集系统内参与

者的供需信息，通过精细化的需求拆解、匹配等过程，为外部参与者牵线搭桥。因此，在这种极度开放的创新生态系统情境下，系统边界是十分模糊的，只要通过平台参与创新生态活动的都属于生态系统的一部分。在生态系统中，海尔作为系统的核心主体，不再局限于分摊研发成本、提高研发效率等基于企业自身利益的目标，而是尽可能多地扩张生态系统边界，吸纳技术资源，以实现更多参与者的价值目标，通过全系统的价值繁荣带动自身发展，这种相对"奉献型"的目标也有利于吸引创新主体的加入。

通过对上述三个阶段的案例描述，我们看到海尔的开放式创新体系经历了"创新联盟 – 创新网络 – 企业创新生态系统"的过程，先后打开了创新活动在地理临近和产业临近上的约束。在第三个阶段中，不同于传统的生态系统模式（权威机构建立创新生态系统，企业参与生态活动），海尔在互联网平台情境下，选择基于自身平台化小微的组织模式，成立企业为主导的企业创新生态系统，取消生态系统的边界设定，以促进系统内所有参与者创新价值最大化为最终目标，吸引创新资源的加入，与系统内技术需求自主互动，相互促进形成良性循环，极大地加快了系统内的创新进程，也提高了自身的创新绩效。

2.3.2 小米企业创新生态系统构建历程

小米公司成立于 2010 年，是一家提供智能电子产品以及系统服务的互联网公司。小米成立初期就创造了用互联网社区纳入用户参与开发的模式，实现手机系统研发和迭代升级。小米秉承用互联网模式去中间层的理念，以投资驱动的方式打造了小米生态链系统。2018年，小米建成了全球最大的消费类物联网平台，通过其研发生产的智能电子设备参与生态平台的活跃用户达 2.4 亿人。小米生态链模式是小米保持创新活力并不断增强自身竞争优势的关键，是小米在互联网平台盛行的时代下原创的商业模式。

小米生态链的发展经历了三个阶段：2013～2015 年，小米通过用户参与的开发模式不断升级手机硬件产品及 MIUI 系统（小米手机专用操作系统），用性价比不断吸引用户加入，2015 年国内智能手机销量位列国内第一，小米用几年时间借助手机把用户与小米紧密连接起来，完成了创新生态系统用户端的嵌入。2015～2018 年，随着小米在供应链、渠道、技术等方面的积累不断提升，小米开始扩展生态系统的供给端，以手机为核心拓展产品范围，通过投资孵化等方式成立生态链企业，为物联网计划打下硬件基础。自 2019 年开始，小米的创新生态链模式进入了物联网时代，开始聚焦构建"物与物互联"的 IoT 系统，由"人物相联"转为"物物自联"。接下来，根据"生态开拓期 – 生态布局期 – 生态成熟期"三个阶段具体剖析小米企业创新生态系统的构建历程。

1. 生态开拓期（2013～2015 年）

小米总裁雷军早从 2013 年就认识到物联网的发展趋势。2013 年年底，小米正式成立智能硬件生态链事业部，通过智能硬件生态链快速占领市场。小米采用"投资 + 孵化"的运营模式，在市场上寻找与小米价值观一致、符合小米物联网布局方向的创业公司。小米以非控制方式投资赋能初创企业，形成"投资 + 孵化"的"平台 +"模式，拓宽智能硬件生态链。随后两年，小米的智能硬件进入快速发展期，发布了相机、手环、空气净化器、净水器、可穿戴设备、传感器等一系列智能硬件产品，成为全球首家部署 IoT 智能家居硬件的公司。小米开始投资发展在智能硬件领域具有技术优势的初创企业，利用外部创新资源，围绕核心产品构建硬件智能生态链，与之合作的初创企业被称为生态链公司。三年来，小米陆续推出 MIUI 系统、手机、电视盒子、智能电视、路由器。这些产品看似不同，其实是一个整体，成为小米物联网创新生态系统的重要基石。MIUI 系统和小米智能手机在这一阶段开始被逐渐打造为物联网产品的控制中心，为未来庞大的物联网生态系统打造坚实的入口。

在企业创新生态系统开拓期，小米借助手机的先发势能创建生态链，生态链系统通过提升用户体验和系统的功能关联性，解决用户想自己解决的问题，让用户在不同情境下体验到舒适和高效。智能产品提供商的生态链由四层组成（见图 2-5）：第一层是核心层，就是智能手机。第二层是"围绕"智能手机的周边产品，如耳机、迷你扬声器、电源和路由器，它们将利用公司的市场份额、活跃的消费者、渠道和供应商。第三层是智能硬件产品，如空气净化器、净水器、电饭煲、扫地机器人和无人机。与传统的家用电器和产品不同，这些智能产品嵌入了处理器、传感器、软件，允许在产品及其环境、制造商、运营商、用户以及其他产品和系统之间交换数据。第四层包括在小米渠道销售的消费品和生活用品，如毛巾、牙刷等生活耗材。

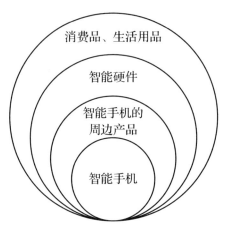

图 2-5　小米创新生态系统初期投资圈层

这一阶段中,小米认为建立企业创新生态系统时分享利益并与各个参与者一同"滚雪球"是核心。与其他企业创新生态系统不同,小米不是简单地作为生态链公司的财务投资者,而是应用其"投资+孵化"的模式来寻找好的项目和团队。该模式的战略与实施在以下三个方面展开。

一是小米作为股东而不是决策者进行投资。生态链企业可以自行决策,它们可以自由地决定其策略和准备开发的产品。小米只有提议或建议的权利,不参与组织的决策。生态链公司可以独立开发自己的品牌,并以自己的名义在股票市场上市。

二是小米提供资源支持赋能孵化。除了对公司进行财务投资外,小米还为其提供了系统的资源支持,包括资本、专业知识、渠道、品牌、供应链、产品定义、设计和质量控制。有了小米平台的链接,生态链初创企业可以推出自己的产品并实现增长,因为它们知道自己可以借助小米现成的市场,并得到小米和其他合作伙伴的支持。

三是充分发挥生态系统中的鲶鱼效应。鲶鱼效应是小米进入新产品类别的战略，通过引入较大创新的产品来扰乱行业。小米的目标是推动所有公司在产品类别上的改进，而不是破坏现有的业务。在小米所打造的创新生态系统中，所有潜在合作伙伴不需要精心设计商业计划或企业战略，只需要开发好产品和打造好团队。小米相信，如果他们投资一家拥有优秀产品的公司或项目，将有可能改变产品定位的定义，并重构产业链。对于每个产品类别，小米只会投资一个团队或公司，其内部的"兄弟情谊"文化也被延伸到生态链的外部伙伴中。参与寻找生态链合作伙伴的搜索团队由小米的高级工程师组成，这些人非常了解小米的核心价值观，对小米忠诚并欣赏创业精神。

2. 生态布局期（2015～2018年）

在小米创新生态系统打磨 3 年多以后，生态中的参与企业已经发布了 20 多款产品，覆盖个人、家庭、旅行、办公等不同场景。2015 年前后小米创新生态系统先后打造了诸如小米手环、小米移动电源等明星生态链产品，这些产品的研发和生产都是由生态链参与企业自行完成的，小米只承担投资人的角色，但是开发产品所使用的技术是生态链参与企业可以共用的。在生态链参与企业的加持下，小米公司从过去的手机、电视、路由器等少数几个核心产品的"驱逐舰"变成有了一系列周边智能硬件产品的"航空母舰"，为小米创新生态系统赢得了大量的用户流量和信息入口。

然而在新的阶段，小米生态产生了一个新问题：过多的产品类型，粉丝也越来越不知道小米在做什么。由于小米生态链上的企业数量急速增加，一开始小米只有小米商城挂牌小米生产的产品，为了进一步扩充生态规模，小米决定启动新的品牌——米家。在小米智能硬件生态链中，所有生态链公司都有一个共性入口，即米家App。米家App是小米整个物联网生态链产品的控制中心和销售平台，所有产品都会将数据流向统一的数据平台，这解决了小米与生态链产品的智能连接。此外，米家App依托小米智能硬件生态链，实现与所有小米及其智能产品的互联互通，致力于构建从产品智能接入、众筹孵化到触达用户、控制分享的完整生态闭环。

进入"米家"时代后，"米粉"和小米的互动不仅可以通过网站等互联网方式，还可以通过小米之家线下旗舰店体验小米的产品。小米高管林斌曾表示：如果小米之家只卖手机、电视和路由器，用户平均可能要一年以上才会进店一次。因此，小米之家的产品线也在不断拓宽，其中最为关键的一环正是"小米生态链"。米家品牌的推出无疑是小米生态链升级的重要标志。雷军希望小米生态链能专注智能硬件领域，未来甚至可以赶超手机业务，在两项业务一起奔跑的阶段，小米和生态链公司不仅是兄弟关系，也是彼此的价值放大器（郑刚、刘剑，2018）。

在生态的布局期，小米通过拓展更多业务来创造价值并持续创新占领高地。在硬件业务方面，小米复制了开发关键智能产品的创新战略以占据"入口"位置，如个人移动智能手机、主屏幕电视、连接所有智能产品的人工智能音箱等产品。与此同时，小米加强了对供应链的控制和研发能力，并进一步明确其生态链业务战略，理清小米品牌、生态链产品品牌和被投资产品品牌之间的关系。在零售业务方面，小米通过改造米家的功能和扩展其内容来建立线下渠道。为了加强与硬件厂商的联系，小米根据品牌结构对渠道进行了分类。在软件业务方面，小米快速提升研发创新能力，发展融资业务，这些为其他两个业务部门奠定了坚实的基础，并加强了三个业务部门之间的联系。至此，小米生态产业链形成了"三环结构"：最内层是小米自身及其核心技术和产品，中层是以华米、紫米为代表的关键节点企业，最外层是与小米核心产品相关性最弱的其他生态链企业，形成了"竹林式"的企业创新生态系统（见图 2-6）。

图 2-6　小米创新生态系统结构关系

资料来源：孙聪. 平台型企业创新生态系统协同机制研究 [D]. 杭州：浙江大学，2021.

3. 生态成熟期（2019 年至今）

通过前面两个阶段的开拓与布局，小米的企业创新生态系统进入了成熟期，结合物联网的技术开始聚焦于构建"物与物互联"的 IoT 系统，由"人物相联"转为"物物自联"。在首届物联网开发者大会上，小米宣布打造"云计算 +AI+ 大数据"三位一体的技术支撑体系。这代表着小米在 IoT 平台和技术层面的不断深化。继米家 App

之后，物联网开放平台成为小米物联网战略的又一重要基石，推动其建立更完整的物联网创新生态系统。依托物联网平台提供的庞大用户群、丰富的场景和海量的生态链产品数据，小米实现整个系统内企业的协同开发能力。通过物联网平台开发的众多智能硬件产品，小米实现了用户在广泛场景下对物联网智能产品的需求。同时，小米致力于打造统一的物联网大数据架构，规范数据采集、处理、应用等步骤，全面提升数据质量、一致性、应用开发和查询效率。小米将完整的人工智能技术体系与智能硬件布局相结合，通过"云计算+AI+大数据"为整个物联网生态系统提供坚实的技术支撑。在这个企业创新生态系统中，小米处于绝对的领导地位，他将自己的核心资源配置到生态参与企业的产品上，通过构建开放式物联网平台，培养了其物联网软件和支持系统的核心地位。生态领导者和生态参与者通过共生依赖和伙伴依赖实现生态系统的共同进化，创造了不可复制的小米模式。

小米创新生态系统通过近十年的蓬勃发展，从最初采用的"投资+孵化"的扩张模式，到平台层和技术层的不断深入发展，在这个生态系统的构建过程中，小米与生态链企业形成了一个万物智能互联的共生、共存、共进化的企业创新生态系统，小米内部习惯称之为"竹林生态"。这个生态特性包含以下四个方面：

- 共生。面对刚孵化的"竹笋"，小米作为"竹林"为其赋予价值观、投资、用户群乃至整个供应链支撑。因此这些新"竹笋"生长迅速且稳健，在较短的时间内就可以取得阶段性的成熟发展，与竹林内的其他参与者共生长、共演化，共同形成不同产品的群落。小米"竹林"中的不同参与者虽然孵化的时间与成长的周期不同,但都可以从竹林中汲取自身成长与发展所需的养分而互利共赢。

- 互生。各个参与者在竹林中相互依赖与赋能,每个参与者研制的产品都能成为其他参与者的市场导入口。小米"竹林"为每一棵加入的"竹笋"补充养分。与此同时,每一棵生长在其中的"竹笋"也在不同产品领域深耕,以促进整个"竹林"的养分更加充足,两者间互利共生。
- 再生。小米"竹林"提供了强大的养分支撑,使得竹林生态中的各个参与者能够实现自我繁衍,同时不适合生存环境的和内部对抗的生命都会消亡,更高层次的生命可以存续,并经过繁衍和成长,迭代新的品种,不断进行着新陈代谢的重生过程。
- 反哺。目前小米"竹林"创新生态系统已经发展到能从参与者处得到反哺。各个参与者不管是参与小米产品的研发与生产,还是自主打造品牌并研制产品,小米都能获得收益。即使其中某些参与者企业成长得比小米更快,小米作为重要股东仍能获得丰厚的投资回报(王国弘、宋彦锟,2020)。

通过对上述三个时期的案例描述,我们发现小米企业创新生态系统内创新合作的方式主要是基于投资驱动的。2013年小米成立了专门的投资孵化公司(金米),目标是5年内投资100家智能硬件相关的生态企业,真正形成小米生态。在小米生态链成立的前3年,小米共投资了50余家公司,成功培育出华米科技、紫米科技等4家估值超过10亿美元的独角兽企业。以这种投资孵化的模式,小米逐渐形成了以小米为绝对核心，华米、紫米等嫡系生态链企业为关键节点的创新生态系统，涌现出了移动电源、耳机、手环、空气净化器、智能机器人等智能硬件的世界级企业。这些企业原则上不是小米的子公司，双方之间大多只是投资的关系。但是有别于单纯投资，小米强调自己生态链上的企业要保证是"小米模式"的复制，保持和小米价值观的高度一致，并且它们产品的销售也完全依托于小米生态链。这种模式被称为"竹林效应"：单棵竹子很可能会死，但是一片竹林彼此根部相互连通，生命力就顽强了很多，小米的这种投资驱动的生态模式就是在不断寻找新的有活力的"竹笋"来丰富竹林。正是这种生态模式让其中的参与者企业取得了巨大的成功。截至2022年年中，在小米投资的生态链企业中，至少有近30家成功上市，业务大多分布在智能硬件、先进制造等领域，少数为金融、娱乐公司，与小米的硬件、金融以及互联网等方向的业务布局均有协同。小米企业创新生态系统中的企业既是相互独立的创新主体，又可以利用创业社区实现众包式创新，成为技术创业过程中的合作伙伴。其中，小米为各个创业企业提供资源和背书，实现创业企业和平台企业共荣共生，共同为客户提供最大化的价值。

综上所述，本章结合文献梳理与案例分析，解析了企业创新生态系统的结构要素，从治理结构、产业结构两个维度出发，将企业创新生态系统划分为核心控制型、创业社区型、双边市场型、产业联盟型，进一步结合海尔和小米的实际案例分析了企业创新生态系统的构建历程，为探究不同形态的企业创新生态系统本质差异提供系统分析基础。

参考文献

［1］ ADNER R, KAPOOR R. Value creation in innovation ecosystems: how the structure of technological interdependence affects firm performance in new technology generations[J]. Strategic management journal, 2010, 31(3): 306-333.

［2］ ADNER R. Ecosystem as structure: an actionable construct for strategy[J]. Journal of management, 2017, 43(1): 39-58.

［3］ BENLIAN A, HILKERT D, HESS T, et al. How open is this platform? the meaning and measurement of platform openness from the complementers' perspective[J]. Journal of information technology, 2015, 30(3): 209-228.

［4］ CHEN S-H, LIN W-T. The dynamic role of universities in developing an emerging sector: a case study of the biotechnology sector[J]. Technological forecasting and social change, 2017, 123: 283-297.

［5］ CLARYSSE B, WRIGHT M, BRUNEEL J, et al. Creating value in ecosystems: crossing the chasm between knowledge and business ecosystems[J]. Research policy, 2014, 43(7): 1164-1176.

［6］ DHANARAJ C, PARKHE A. Orchestrating innovation networks[J]. Academy of management review, 2006, 31(3): 659-669.

［7］ DOKKO G, KANE A A, TORTORIELLO M, et al. One of us or one of my friends: how social identity and tie strength shape the creative generativity of boundary-spanning ties[J]. Organization studies, 2014, 35(5): 703-726.

［8］ GAWER A, CUSUMANO M A. Industry platforms and ecosystem innovation[J]. Journal of product innovation management, 2013, 31(3): 417-433.

［9］ HUIZINGH E E. Open innovation: state of the art and future perspectives[J]. Technovation, 2011, 31(1): 2-9.

［10］ JACOBIDES M G, CENNAMO C, GAWER A, et al. Towards a theory of ecosystems[J]. SSRN electronic journal, 2018.

［11］ MOORE J F. Business ecosystems and the view from the firm[J]. The antitrust bulletin, 2006, 51(1): 31-75.

[12] MÄKINEN S J, KANNIAINEN J, PELTOLA I, et al. Investigating adoption of free beta applications in a platform-based business ecosystem[J]. Journal of product innovation management, 2013, 31(3): 451-465.

[13] NAMBISAN S, SIEGEL D, KENNEY M, et al. On open innovation, platforms, and entrepreneurship[J]. Strategic entrepreneurship journal, 2018, 12(3): 354-368.

[14] NAMBISAN S, WRIGHT M, FELDMAN M, et al. The Digital transformation of innovation and entrepreneurship: progress, challenges and key themes[J]. Research policy, 2019, 48(8): 103773.

[15] SUN C, WEI J. Digging deep into the enterprise innovation ecosystem[J]. Chinese management studies, 2019, 13(4): 820-839.

[16] TEECE D J. Profiting from innovation in the digital economy: enabling technologies, standards, and licensing models in the wireless world[J]. Research policy, 2018, 47(8): 1367-1387.

[17] TEECE D J. Profiting from technological innovation: implications for integration, collaboration, licensing and public policy[J]. Research policy, 1986, 15(6): 285-305.

[18] WALRAVE B, TALMAR M, PODOYNITSYNA K S, et al. A multi-level perspective on innovation ecosystems for path-breaking innovation[J]. Technological forecasting and social change, 2018, 136: 103-113.

[19] ZHU F, LIU Q. Competing with complementors: an empirical look at Amazon.com[J]. Strategic management journal, 2018, 39(10): 2618-2642.

[20] 李万，常静，王敏杰，等．创新3.0与创新生态系统［J］．科学学研究，2014，32（12）：1761-1770．

[21] 吕一博，蓝清，韩少杰．开放式创新生态系统的成长基因——基于iOS、Android和Symbian的多案例研究［J］．中国工业经济，2015（5）：148-160．

[22] 梅亮，陈劲，刘洋．创新生态系统：源起、知识演进和理论框架［J］．科学学研究，2014，32（12）：1771-1780．

[23] 孙聪，魏江．企业层创新生态系统结构与协同机制研究［J］．科学学研究，2019，37（7）：1316-1325．

[24] 王发明，朱美娟. 创新生态系统价值共创行为协调机制研究［J］. 科研管理，2019，40（5）：71-79.

[25] 王国弘，宋彦锟. 物联网商业生态系统演化路径与策略——小米物联网生态案例分析［J］. 创新科技，2020，20（10）：24-33.

[26] 王节祥，蔡宁. 平台研究的流派、趋势与理论框架——基于文献计量和内容分析方法的诠释［J］. 商业经济与管理，2018（3）：20-35.

[27] 王节祥，陈威如，江诗松，等. 平台生态系统中的参与者战略：互补与依赖关系的解耦［J］. 管理世界，2021，37（2）：126-147.

[28] 杨荣. 从企业创新系统到创新生态系统：创新系统研究的演变及其比较［J］. 科技和产业，2014，14（2）：136-141.

[29] 杨伟，周青，郑登攀. "互联网＋"创新生态系统：内涵特征与形成机理［J］. 技术经济，2018，37（7）：10-15.

[30] 郑刚，刘剑. 小米：构建商业系统生态链［J］. 清华管理评论，2018，10（12）：126-132.

ENTERPRISE
INNOVATION SYSTEM

第 3 章

企业创新生态系统功能体系

企业创新生态系统由于其独特的组织生态优势，发挥了赋能创新的强大功能。本章进一步厘清企业创新生态系统这一新兴组织的功能机制，以有效识别与激发出蕴藏在企业创新生态系统中的价值，最终作用于嵌入其中的创新参与者。本章将深入分析企业创新生态系统的三大功能系统，分别为支撑系统、动力系统、能力系统。

3.1　企业创新生态系统的支撑系统

支撑系统包含企业创新生态系统中焦点企业和参与者开展创新活动的基础设施体系及其作用机制。企业创新生态系统是在一个由数字创新型塑的"二进制"世界中诞生、成长的，正是数字技术的发展改变了人与人、人与组织、组织与组织之间的生产关系，最终催生出区别于国家创新生态系统、产业创新生态系统和区域创新生态系统的企业创新生态系统。这样的创新生态系统跨越甚至瓦解了地理边界、产业边界和组织边界。因此，无论是核心平台型、创业社区型、双边市场型还是产业联盟型的企业创新生态系统，都应该天然地具备数字化、网络化、平台化等属性，相应地，其治理与创新活动也需要依托数字化基础设施来开展。例如，在淘宝、拼多多等双边市场型的企业创新生态系统中，商品的供应方需要借助千牛卖家等后台进行诸如产品发售、订单管理、买量营销、店铺装修等活动，而商品的需求方也同样需要依托选品与购物界面来完成购买流程。

由此可见，在企业创新生态系统中，数字化的基础设施体系构成了焦点企业和包括用户在内的各类参与者开展价值活动的支撑系统，决定了整个企业创新生态的治理与创新效率。在数字技术驱动创新的背景下，企业创新生态系统中存在两类具有代表性的数字化基础设施——服务型数字平台和开放创新平台（在线创新社区），它们分别在不同侧面发挥着关键支撑功能。这两类基础设施通过对包括数字资源在内的生产要素进行集成化、标准化和模块化改造，使之成为赋能参与者开展创新的基础性平台，并很大程度上影响着生态系统内企业的创新行为和创新绩效。

本节瞄准服务型数字平台和在线创新社区两类最具代表性的支撑性基础设施，在刻画内涵与形态的基础上，提炼其支撑企业创新生态系统内参与者开展创新的两大功能机制——使能治理效率提升和激发创新能力升级。

3.1.1 服务型数字平台

由数字化、网络化、平台化的组织属性所决定，企业创新生态系统的治理与创新行为需要依托处于核心位置的焦点企业所搭设的数字基础设施。这些基础设施通过降低市场交易费用和组织协调成本，加速资源积累与能力构建，帮助参与者实现"能量跃迁"。例如，3D打印服务平台通过赋能企业运营流程，实现大规模定制。那么，作为典型的数字基础设施，由焦点企业打造的服务型数字平台如何在不断扩张边界、持续迭代能力的企业创新生态系统中发挥功能？

1. 服务型数字平台的概念内涵

企业创新生态系统是数字技术发展的结果，没有数字平台的支撑，无论哪一类企业创新生态系统，都不可能产生生态化创新行为，如服务平台之于核心控制型企业创新生态系统，交易平台之于双边市场型企业创新生态系统，创新平台之于创业社区型企业创新生态系统等。作为依托数字技术构筑的基础设施，这些平台均采用全新的商业创新逻辑及价值创造路径为企业创新生态系统参与者赋能（Lakhani and von Hippel，2003）。然而，由于分别服务于市场交易活动和技术创新活动，交易平台和创新平台在发挥生态系统支撑作用时有其明显的局限，更多是通过数字化工具帮助参与者降低外部交易频次和提高协同开发效率，并没有从实质上改变被赋能者的组织逻辑与生产流程。从这个角度讲，交易平台和创新平台的赋能更多是一种单一维度的赋能，被赋能者仅仅利用平台核心功能强化了价值链上的某一环节。相比之下，服务型数字平台具有更加突出的生态系统支撑属性，能够利用数字技术帮助企业完成对数字资源、创新流程等的重构，最终完成从传统企业到数字企业、生态企业的升级。

服务型数字平台被定义为向企业创新生态系统中的参与者提供数字化方案、系统、产品以及一系列功能组件，并将其整合入组织内部流程以实现数字化改造和创新赋能的平台型结构以及设施。服务型数字平台突破了以往数字平台单一维度赋能的局限，通过在不同维度布局技术基础设施，为传统组织提供了从内部资源到生态资源、从通用能力到个性能力的全方位赋能（Dahlander and Magnusson，2005）。此外，服务型数字平台可以跨越行业和角色边界，为不同生态位的组织提供差异化服务，满足其个性化数字转型需求。这类平台利用自身的数字基础设施，通过一系列业务功能布局和技术架构设计，加速企业转型和变革进程，并对不同组织进行全方位差异化赋能，使其能提升治理效率（Ghapanchi et al.，2014）。例如，钉钉通过其个性化技术基础设施助力不同行业的传统组织在新冠疫情突发状况中成功实现了数字化转型。服务型数字平台能在跨行业边界和跨组织边界上实现多维的数据和程序共享，从而打破单一维度赋能（如交易效率提升、创新速度加快等）的局限。更重要的是，服务型数字平台可以让被赋能组织自行决定数字化转型的方向、程度与模式。因此，服务型数字平台通过数字基础设施为不同领域、不同性质、不同特点的传统组织提供了"量体裁衣"的服务，满足了个性化组织的数字转型需求。遗憾的是，这一新兴且意义非凡的赋能机制及赋能过程还未被洞悉。

2. 服务型数字平台的支撑功能

一个系统完备、高效运转、动态演化并吸收创新要素的服务型数字平台需要具备三大支撑功能：支持特定业务场景的定制化改造（场景支撑），促进边界开放的创新协同（协同支撑），以及生态支撑。

首先，随着数字化和生态化成为未来几乎所有企业转型的主旋律，企业创新场景必然会融入合作企业、用户、政府等多元主体。因此，服务型数字平台需要就不断变化的业务场景和生态场景进行定制化功能改造。同时，功能导向从通用功能、行业功能到场景功能的演化，意味着服务型数字平台的赋能场域越来越"颗粒化"。由于不同组织有着较大差异的数字化转型需求，即使同一组织在动态的外部环境和内部资源的双重影响下，也会呈现出不同的管理痛点和转型需求，这就进一步要求组织构建不同场景下的创新能力。因此，服务型数字平台需要在场景层面搭建更多的数字化基础设施，为组织场景管理能力奠定坚实基础。

其次，今后的服务型数字平台必然都是开放而统一的。一方面，作为企业创新生态系统这一"软边界"甚至无边界组织中的核心支撑性基础设施，服务型数字平台必定向所有企业乃至个体用户开放，不会以传统的基于交易成本构筑的组织边界为自身"画地为牢"；另一方面，栖息在这一平台上的企业参与者共享同一套功能体系和模块架构，彼此之间的创新流程被"打通"，各类创新资源能够更加畅通无阻地在生态系统内流动，最终使得创新生态的特征真正涌现出来。服务型数字平台的两大支撑功能在形成时间上存在着先后顺序。最初，服务型数字平台可能只是面向生产和管理的某一个环节或几个环节，通过提供高度集成化的功能组件，帮助组织提高内部的生产与管理效率，补强价值链上的某一断点或弱点。之后，服务型数字平台的功能焦点逐渐从组织内部拓展到组织外部，开始支持企业利用平台所提供的交互界面与技术标准实现组织与组织之间的快速高效协同。

最后，当服务型数字平台兼具场景支撑和协同支撑两大功能特征后，会逐渐演化出足以支撑整个企业创新生态系统而不是一两家企业的强大能力，帮助生态系统中的各类参与者基于多元场景搭建数字基础设施，并形成和发展能够整合、开发、利用数字资源的动态组织能力。因此，在历经多阶段演化后，服务型数字平台形成了场景支撑、协同支撑、生态支撑三种逐层递进的功能体系。例如，作为最为成功的服务型数字平台之一，钉钉从最初仅发挥单一功能的办公软件发展成为全面支持组织个性化转型的在线数字平台。钉钉凭借突出的业务模式和强大的技术优势帮助众多群体组织完成数字化转型，发挥了对企业在各种场景下开展业务、实现创新的支撑功能。在全国各行各业受到新冠疫情影响的时候，钉钉推出了包含三大标准模块的员工健康打卡功能。而这三大模块可以根据组织的防疫需求自行组合、动态变更。借助钉钉的这一功能，蒙牛集团迅速完成了对员工打卡这一功能的快速整合和适应性调整：为了完成给一线人员配送牛奶的任务，蒙牛需要实时关注员工健康信息，因此健康打卡功能中的模块三（智能预警）成为优先功能。一旦员工的健康情况出现异常，钉钉将会通过智能预警第一时间通知管理层和生产部门。在钉钉的技术支撑下，蒙牛完成了对 32 个城市、56 个工厂、80 万个终端门店以及 4.5 万员工健康的动态管理。

3. 服务型数字平台的功能实现机制

那么，服务型数字平台的场景支撑、协同支撑、生态支撑的功能体系是基于何种机制实现的？答案在于服务型数字平台的两个核心架构特征：模块化与标准化。如果说数字基础设施及其所提供的数字技术、数字资源仅仅帮助企业提升了内部治理效率，提高了不同场景的动态适应能力，那么模块化与标准化则赋能企业与外部创新主体的协同创新效率，最终形成在生态系统内生存与发展的能力。简单讲，模块化与标准化从根本上保证资源禀赋各异、技术能力不同的企业在同一个服务型数字平台支撑下开展跨边界创新活动。

服务型数字平台由模块化的功能与系统组件构成，这些模块共享一组相同的标准化接口与规则，比如 TCP/IP 协议、USB 接口、API（应用程序编程接口）以及开源许可证协议（如 GPL、LGPL）等。在数字化背景下，创新产品往往依托复杂的集成性技术，由若干子系统构成，而这些子系统又分别包含数十个甚至上百个功能组件。对利用、整合、改造这些产品平台的参与企业而言，不仅需要极高的技术基础来根据自己的需求进行拆解，拆解后重新装配更是一个巨大的技术难题。而服务型数字平台通过模块化设计，将整个复杂的产品系统拆解为互不相连的功能模块，企业可以根据自己的业务需要有选择地整合部分功能模块，并进行定制化的改造。服务型数字平台通过设置标准化的模块对接口径，或是在各模块中嵌入可即插即用的功能接口

（如 API），将各模块间原本紧密的耦合关系简化为标准的连接规则，进而"隐藏"技术本身的复杂性。即使整合了不同的功能模块，企业与企业之间依然能够通过标准化的接口进行系统或系统组件的组合，使得整个生态创新的效率与效能都得到了极大提升，服务型数字平台的协同支撑、生态支撑功能也由此呈现。

3.1.2 在线创新社区

随着开源生态和跨边界组织发展成为数字创新的"能源泵"，以在线创新社区为代表的开放创新平台在企业和产业创新过程中发挥着日益重要的作用。近十年，在阿里巴巴、腾讯等互联网企业的引领下，在线创新社区作为重要的创新基础设施，嵌入企业组织架构、决策流程、商业模式，更为高效地融入创新生态内的价值共创过程中。

1. 在线创新社区的概念内涵

在线创新社区是指围绕特定的创新目的、创新组织、创新流程、创新活动构建的，由拥有共同价值诉求且可能地缘空间分散的行动者，根据相应的制度安排实现开放创新合作的网络空间和组织形态（Crowston and Scozzi，2002）。例如，全世界最负盛名的开源技术平台 Linux，最初就是一群狂热的开源爱好者，为实现共同的理想，即用免费、开放的自由软件取代昂贵、受限的闭源软件，快速、高效地共创和共享知识，围绕共同约定的技术标准与治理规则而自发形成的线上社区。来自世界各地的软件开发者可以自由地在创新社区进行代码协同编译、测试和封装等。

在线创新社区种类多样，且表现形式迥异，如围绕软件源代码进行共同开发、维护、增强等知识创造与传播活动的开源社区，还有围绕诸如产品反馈、技术答疑、知识科普等话题对象展开文字交流的在线论坛等。然而，并不是所有在线社区都能发挥对企业创新的支撑作用。第 3.1.2 节讨论的在线创新社区具有高度指向性，特指能够赋能和支撑企业创新生态系统形成和发展的开源社区（Shaikh and Levina，2019）。这一类社区与大多数研究所指代的诸如社交论坛、粉丝社区等有着本质的不同：普通在线社区以用户体验、产品反馈等信息为主要发布内容，需要技术人员凭借直觉理解（陈钰芬、陈劲，2007），具有一定经验性和内隐性（Lv and Qi，2019）。该特征使社区及其背后的企业保留了对创新知识的测试权，独占知识成果。例如，对于社区中成千上万条关于产品改进的意见，其中可能只有不到 1% 能够真正转化为创新成果，需要企业通过评估和测试来完成如此高数据量的信息过滤。要在这类社区中对知识进行剽窃是较为困难的。与之相对，开源代码的高度可复制性和可模仿性则急剧增加了知识外溢的风险。开源社区上的用户可以通过计算机编程，把其他成员自愿提供的技术规范或算法转化成程序、软件组件以及其他计算机系统，且几乎不受约束和监督。这导致了诸如专利、版权等传统产权保护制度在开源社区不再有效，企业甚至不知道自身被侵权了！

另外，开源社区在创新链条上也表现出高度差异性。创新链条是指知识从产生到被转化为可市场化产品的全部过程与环节。Schumpeter（1912）曾提出，科学知识、技术知识与商业化应用之间的鸿沟需要通过创新链条来消除。相较于价值链、知识链等传统概念，创新链更多被置于开放创新的理论与现实背景下讨论，强调对用户价值进行深入挖掘，并认可用户作为关键生产环节融入知识商业化过程的重要作用。开源社区典型的基于用户生成内容（user generated content，UGC）的生产模式正是创新链向用户整合、延伸的案例。此外，对围绕特定话题开展基于文本的交流、仅突出社交属性的普通在线社区而言，由于不涉及产品或技术的直接开发，要将社区用户提出的创新想法转化为应用型产品或技术，中间还存在着很长一段距离。这些社区的创新链条较长，技术人员需要根据问题提出解决方案，进而将创意转化为适销产品。相较而言，在线创新社区的创新链条急剧缩短，其用户往往既是核心代码的贡献者，又是相关下游产品的早期使用者，很难将开发者、生产者乃至使用者强行分离。参与者在基于社区界面进行协同创新的过程中能够快速整合散落于社区各个角落的知识碎片，并将其转化为具有一定使用价值的技术产品。

2. 在线创新社区的基础架构

在线创新社区与服务型数字平台最大的不同在于两个方面：第一，服务型数字平台提供的是针对参与企业的管理与组织能力的基础设施，通过降低交易费用来提高企业与企业之间的协同效率，而在线创新社区是直接作用于企业的生产作用过程，参与企业可以直接利用社区所提供的开放工具、开源代码、免费的人力资源来开展创新活动。第二，服务型数字平台主要是由生态系统内焦点企业基于特定目的、采用设计逻辑自上而下创造出来的，而在线创新社区则大多是由"趣味相投"的用户不断聚集，并在互动过程中自下而上地涌现出来，从而形成的,这一特征直接决定了在线创新社区的基础架构与治理逻辑与服务型数字平台之间的差异。

在线创新社区作为由某一个或几个焦点组织甚至个体用户自发进行协同开发、交流学习和共同治理的网络平台,具有典型的自组织特征(Fleming and Waguespack,2007)。随着在线创新社区治理方式的不断演化,形成了以自治性基金会或理事会为权力核心,以共同决议为民主决策手段,以技术委员会等分委会为联合监督机构,以项目组为具体执行单元的社区基础架构(见图3-1)(Dahlander and Wallin,2006;陈大庆等,2011)。例如,在云计算领域涌现的OpenStack开源社区,衍生于一个开源的云计算管理平台项目,目前已形成用户超千万人、业务全球覆盖的生态系统。这个生态系统的领导组织是用户和企业共同选举出来的OpenStack董事会,下辖一个聚集了技术代表、企业代表、开发者代表的技术委员会,由董事会抛出提案,技术委员会审议,并最终转化为相关制度以供社区内数以万计的项目团队遵守。

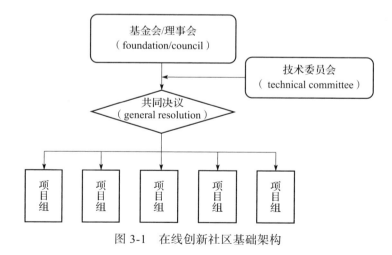

图3-1 在线创新社区基础架构

3. 在线创新社区的支撑功能

我们注意到,越来越多的技术密集型企业建立或参与在线创新社区,并以此作为长期创新战略,需要从理论上系统提炼在线创新社区对企业生态创新的支撑逻辑。在实地调查和文献梳理的基础上,我们提出在线创新社区的技术支撑、组织学习支撑、合法性支撑、经济支撑四种功能体系(见图3-2)。

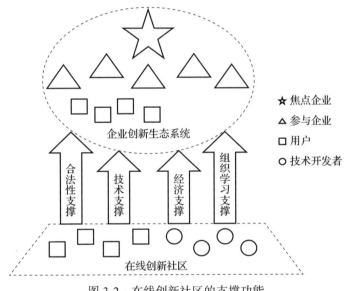

图3-2 在线创新社区的支撑功能

(1)技术支撑。在线创新社区凭借参与用户的背景多元性和开发工具的高度协同性,能够加速参与企业之间的创新想法交换,大幅提升企业创新速度,缩短产品开发周期(Baldwin and von Hippel,2011;Dahlander and Magnusson,2008)。例如,许多研究证明了研发伙伴的多样性正向作用于企业创新绩效,因此,集聚了万众开发者的在线创新社区能够加速企业的创新流程。由于生产与消费的不可分割性（Toffler and Toffler，2007），用户作为下游产品的直接使用者，对产品的缺陷和改进空间最为熟悉，而在线创新社区通过连接生产企业与终端用户，能够帮助企业快速掌握用户的需求痛点，甚至直接以项目组形式"雇用"用户来进行开发活动，由此形成的产品具有较高的质量（Fitzgerald，2006；Bonaccorsi and Rossi，2006）。此外，在线创新社区的技术支撑还表现在统一的技术标准上，对于不同的项目开发团队，社区内通用的开源许可协议能够帮助企业快速提高产品的整合弹性与效率。

（2）组织学习支撑。参与在线创新社区有助于企业获得创新市场化的知识和技能（Andersen-Gott et al.，2012），有利于对经营思维、商业模式进行实时动态调整。例如，通过扮演社区"协调人"，企业能以较低成本吸收、拼凑散落于社区的想法、人员等碎片性创新资源，有助于隐性知识转移与线下知识吸收，使创新绩效获得显著提升（Fowler et al.，2004；Dahlander and Magnusson，2008）。此外，与在线创新社区合作还有助于提升企业的人力资本，因为在线创新社区本身就是一个巨大的人才库，可以低成本吸引和引进高水平技术人才，或进行低成本研发合作，提升企业研发能力（Baron，2010）。

（3）合法性支撑。企业创新生态系统区别于战略联盟等传统组织的一个重要特征是，创新生态系统中的企业行为合规性不仅仅取决于明确的法律法规和行事准则，还取决于其价值主张和商业模式是否与创新生态系统相匹配，企业在创新生态系统中的身份认知合法性将取代文本式的规则。由于在线创新社区是由用户围绕共同的价值观自发集聚形成的,当用户或其他创新主体进入特定的在线创新社区后,就会被认为是遵守开放创新、价值共创等价值观的。

(4)经济支撑。由于较少涉及基于契约的交易关系,用户自愿参与产品开发,加之在线创新社区内流动着大量免费的信息、文件资料、测试结果等,因此在线创新社区能够帮助企业大幅节省创新成本(Baldwin and von Hippel,2011)。而且,研究显示基于社区协同开发形成的产品有着更快的市场接受速率,使发布企业在短期内积聚大量的免费用户。这是由于在线创新社区往往共享同一套开发规则、技术标准和创新工具,快速积累了共同的安装基,激发出的网络效应赋能创新参与者,帮助越来越多的企业相互配合推出互补性产品和服务,让群体都能从创新中获益(Alexy and Reitzig,2013;Boudreau and Lakhani,2013)。在线创新社区的支撑功能如表3-1所示。

表 3-1 在线创新社区的支撑功能

支撑功能	支撑逻辑	相关研究
技术支撑	开发速度	Baldwin and von Hippel, 2011; Osterloh and Rota, 2007; Dahlander and Magnusson, 2008; Lerner and Tirole, 2002
	开发质量	Fitzgerald, 2006; Lundell et al., 2010; Bonaccorsi and Rossi, 2006; Franke and von Hippel, 2003
	技术标准	Henkel, 2006; Munga et al., 2009
组织学习支撑	知识和技能	Andersen-Gott et al., 2012; Lakhani and von Hippel, 2003
	商业模式	Lundell et al., 2010
合法性支撑	企业形象	Lerner and Tirole, 2002; Henkel, 2006
	公共关系	O'Mahony and Bechky, 2008; Stam, 2009

（续）

支撑功能	支撑逻辑	相关研究
经济支撑	开发成本	Baldwin and von Hippel, 2011
	接受速度	West, 2003; Kapoor and Agarwal, 2017
	互补性产品或服务	Lerner and Tirole, 2002; Alexy and Reitzig, 2013; Boudreau and Lakhani, 2013

3.2 企业创新生态系统的动力系统

动力系统是指企业创新生态系统开展创新活动的一系列动机与机制的集合等。企业创新生态系统中的参与者开展创新的动力表现为激发网络效应和获取互补性资源。首先，企业需要借助网络效应来主导技术标准、产品标准以及流程标准的建立，形成生态领导力；其次，企业还需要通过获得互补性资源来构建协同创新能力和发展协同创新网络。

数字创新系统中的组织边界日渐模糊甚至瓦解。之前，市场是市场，组织是组织，虽然组织和市场不断交汇，但边界始终是清晰的。然而，在企业创新生态系统重塑经济形态和交易逻辑的今天，很难再说一个交易活动是发生在公开市场中还是组织边界内。比如，阿里巴巴所构筑的淘宝生态不仅囊括了数以亿计的买家和卖家，还整合了从支付结算、订单管理到物流仓储、金融服务的全链条供应商。很显然，淘宝构筑了一个基于价格机制运行的交易市场，这个市场并不是完全独立和开放的，其相关规则的制定权主要掌握在阿里巴巴这家企业手上。如此，我们不禁要问：企业加入这种类型市场的动力是什么？虽然生态系统内的市场拥有着传统市场所无法比拟的交易体量和用户资源，但进入生态系统的企业参与者，也需要受到来自生态系统内的核心企业约束。

为此，本节揭示企业创新生态系统驱动不同生态位企业开展协同创新的机理，探索传统制造企业或服务企业向数字化、生态化转型过程中利用创新生态系统提升创新动力的机理，并通过文献梳理和调研访谈，总结出企业参与创新生态系统的两大动力体系：借助网络效应激发创新主体协同，利用资源协同赋能企业创新突破。

3.2.1 网络效应激发创新主体协同

企业创新生态系统之所以形成，是因为创新参与者可以共同"做大蛋糕"（创造价值），而非"瓜分蛋糕"（获取价值）。企业创新生态系统的产生源于数字技术的发展，由于其所拥有的独特优势，拥有了战略联盟、产业集群等传统组织所无法比拟的生命力。那么，企业创新生态系统的独特优势是什么？研究发现，企业创新生态系统拥有独有的价值获取逻辑，即进入生态系统的企业，其从生态系统内部市场获取的收益会远高于进入成本，而且，收益的多少取决于生态系统的安装基规模（通俗地说就是初始用户规模）。当生态中聚集的用户数及其所携带的知识与技术超过临界值时，会产生巨大的溢出效应，即所谓正的网络外部性，进而吸引越来越多的企业和个体加入生态系统。这又会进一步加速平台内知识与技术的积累，将经济外部性扩大，吸引新一批的企业和用户加入……以此形成正向循环。

以 iTunes 为例，其所拥有的开发者数量的增加会提高平台上终端产品与下游技术的数量和质量，继而吸引更多开发者和用户进入该生态，而更多的需求方参与者也意味着更大的市场价值，反过来为开发者进入生态提供动力……在反复循环的过程中，供需双方的数量呈现出螺旋状加速上升的态势，这就是双边市场效应。在数字创新牵引的市场形态中，这样的正向激励时时刻刻发生着，拼多多的社交购物模式和 B 站（哔哩哔哩）的"百大 UP 主"计划都是企业创新生态系统的典范。

网络效应决定了企业创新生态系统中一项产品或技术的经济价值和扩散速度不仅取决于其本身的功能特点，更受制于安装基的规模和互补品的可获得性。在多边市场中，那些在传统自由竞争市场中战无不胜的优质产品和先进技术不再稳操胜券，其市场份额甚至可能被看起来更为落后的竞争对手"吃掉"。例如，5G 技术在传输速度、数据容量、使用功耗等方面相较 4G 技术有明显优势，但由于有关 4G 的基础设施投资仍远未收回，存在大量在建工程，加之作为互补品的手机终端绝大多数仍仅支持 4G 信号，故现阶段 5G 仍远不能取代 4G 的生态主导地位。

在数字创新引领的新市场形态下，价值创造过程实质是通过扩大起始安装基和互补品的规模，使产品或技术的使用者数量快速达到网络效应临界值的过程。这一基本逻辑决定了数字经济时代的企业不再局限于从有限大的蛋糕中分到尽可能多的份额的思维，真正关心的是如何将整个蛋糕做大，为此，企业开展创新和交易活动的动力逻辑也被颠覆：从期望与合作企业、用户、供应商等利益相关者建立排他性的交易关系，到为助力生态繁荣而形成包容性的协同创新网络，甚至不惜将内部核心资源开源，实现从价值共创中获益。

此外，该价值创造逻辑还直接促进了企业商业模式构建过程的变革。以电子游戏业为例，相较于埋头开发、闭门测试、大规模广告营销，当今的游戏企业首先以内测、公测等形式尽可能早地形成具有一定规模的用户群体（起始安装基），还针对苹果 iOS、谷歌安卓、任天堂 Switch 等多个主流平台（互补品）推出相应的兼容版本，以提高产品上市后的扩散速度。包括得物在内的平台企业为建立竞争优势，不计成本地"烧钱"抢占市场，为了招揽用户不惜"赔本赚吆喝"，都是为了以最快的速度激发网络效应。

在网络效应主导形成的价值创造逻辑下，企业开放创新、协同创新的动力被极大激发。当市场从单边演化为多边后，集合了上下游企业、中游数据服务商、用户、监管机构等利益相关者的生态系统必然涌现，在依托数字技术、数字经济构筑而成的生态系统中，存在大大小小数十个甚至数百个利基市场，每一个市场都有相应的参与者落位经营。生态系统的焦点企业（例如阿里巴巴之于淘宝，苹果之于 iTunes），为这些生态参与者创造能够激发和传递网络效应的平台架构，而参与企业则在整个生态系统的能量灌输下，使自身触达客户、培育客户、扩展客户的速度与能力急剧提升。由此，价值活动由过去的一个或几个企业"抱团"垄断价值，转变为生态系统内企业共同携手创造价值。正是由于企业协同创造价值行为，整个生态系统内的市场得到进一步扩张，越来越多的利基市场以及垂涎这些市场的企业被创造和吸纳进来，由此进入不断自我强化的正向循环，驱动生态以及生态系统内的企业不断成长。

3.2.2 资源协同赋能企业创新突破

资源基础观是解释企业协同创新能力开发和创新网络构建的最重要的理论，研究认为开发协同创新能力和形成创新网络的首要战略动因是寻找具有互补性资源的合作伙伴：一方面，互补性资源通过协同效应创造价值溢出，使得合作双方同时受益；另一方面，互补性强调合作双方资源基础的非相似性，一定程度上发挥了促进学习和规避竞争的作用。

随着企业创新生态在现实商业世界中的各个角落加速生长，企业纷纷将自身的组织边界打开，大力引进外部创新资源，将部分内部研发活动放在开放平台上，用以识别、整合、利用流动于生态系统中的互补资源。在企业创新生态系统中，企业要考虑的互补关系不再是供应链联盟等传统资源和知识匹配，而是更为广泛和深入的无形资源、隐性知识、关系资源和创新创业机会等内容。例如，在在线创新社区中，生态系统内的企业要真正发挥资源协同效应，不仅需要设计、市场和渠道等的互补，还需要规则、惯例等正式制度和文化、价值主张等非正式制度的互补。传统情境中供应链上下游资源互补更多关注的是供货成本、物流便利度、账期等效率性问题，企业更偏好地缘空间邻近、原材料性价比高的供应商，但在生态情境下，不同参与企业的生态位和承接任务具有差异性，企业会寻找那些不一定是最重要，但一定是自身开展创新活动所必不可少的创新资源。因此，企业创新生态系统中寻找互补性创新资源的过程是"补缺"的过程，未填补的空缺大小直接决定了企业如何构建自身的创新战略。

当然，数字经济时代的企业出于获取互补性资源的目的加入甚至自建生态时会面临几个重要的问题。尽管数字技术的出现极大地降低了市场交易成本，但仍无法从根本上消除行为与组织的不确定性，合作方的机会主义动机依然存在，且其所持有的互补性价值越高，越有可能通过"套牢"来侵占企业自身的价值。例如，淘宝与蘑菇街就曾有过一段"成功"的互补关系：淘宝有着数以千万计的商家从事销售活动，而蘑菇街则拥有数字时代下开展定制化营销的组织能力，用今天的话说，一个有流量，一个善于引流，二者具有高度的互补性。然而，在双方合作过程中，淘宝逐渐感觉到将全部流量交由一家外部公司"打理"存在着巨大隐患，最终结束了与蘑菇街的合作。此外，合作伙伴还可能隐匿甚至伪造呈递给焦点企业的信息，刻意提高双方之间的信息不对称性，造成交易摩擦，为之后的机会主义行为创造条件。同时，加入企业创新生态系统固然能获得宝贵的学习机会，但也意味着可能泄露自己的核心知识或资源。

3.3　企业创新生态系统的能力系统

能力系统是指企业依托生态系统内的基础设施，在动力系统牵引下，构建互补性资源和激发网络效应的能力体系。前面的分析提出，企业创新生态系统内基础设施建设和创新动力激发并不必然带来创新绩效的提升，因为创新本质上是企业通过资源投资活动来实现技术商业化的过程，生态系统内的企业需要发展自身独特的组织创新能力体系，以保证创新流程的全面实现。

动力引致能力，本节聚焦如何构建创新能力系统以保障动力系统能有效发挥作用，发展出网络效应激发能力和互补资源整合能力。本节首先分析企业如何利用安装基、数字基础设施等实现网络效应的"冷启动"，通过激发网络效应，率先获取用户网络，主导技术标准建立。其次，分析企业如何发展互补性资源和整合性能力，以数字资源嵌入推进企业市场能力和技术能力互补。本节重点从资源基础观角度分析生态系统中企业搜索、识别、获取、吸收、整合互补性资源和能力的过程。

3.3.1 网络效应激发能力

在企业创新生态系统中，数字基础设施成为重要赋能工具，数字技术成为主要连接手段，企业之间的竞争实质转化成了主导用户群体和技术标准的竞争。在网络效应作用下，生态系统内的竞争很难势均力敌，用户和技术标准也很难在创新主体之间实现均衡的分配。在更多情形下，强者恒强的马太效应成为企业创新生态的主旋律，率先"俘获"用户或争夺到技术标准话语权的企业，往往占据甚至垄断了生态系统内绝大部分的创新资源，形成了其他参与者无法比拟的创新能力，甚至直接形成了以自身为主导的生态……一切的背后，都是网络效应在发挥作用。因此，通过快速识别用户、触达用户、"俘获"用户，快速迭代技术、应用技术、扩散技术以激发网络效应的能力，成为企业决胜生态创新竞赛的关键。对在平台市场或生态中落位经营的创新主体而言，价值创造和获取的过程实质就是比谁率先激发网络效应的过程，网络效应激发能力的重要性可见一斑。

系统内企业要快速激发网络效应需要满足多种能力要素，其中安装基的作用最为显著。安装基被用于形象地表示某一信息产品的原始用户或累计用户的数量，它直接影响网络效应的激发程度和产品最终的市场表现（Rietveld and Schilling，2021）。当企业面临"冷启动"时，实现从 0 到 1 的难度远大于从 1 到 99 的难度，大部分产品常常无法触达和积累原始用户，此时，快速建构安装基成为企业激发网络效应、跨过"冷启动"的重要手段，尽早获得庞大的安装基有利于企业占据主导地位。

例如，Fuentelsaz 等（2015）在研究电信行业的领先企业如何在重大技术变革面前维持竞争优势时，发现固定电话安装基数量作为一种互补性的资产，能够有效帮助企业把旧领域的优势迁移至新领域，保持市场地位。同样的原理，企业加入以平台为主导的创新生态系统的重要目的是快速扩大安装基规模。由此，"如何激发网络效应"的问题实质转化为"如何使安装基快速增长"的问题，选择合适的市场进入时机、猎食性产品定价、渗透定价（甚至免费提供产品）、对消费者进行期望管理、构建产品生态属性等，都被认为是企业快速积累安装基的能力体现。

激发网络效应的另一种重要能力在于产品和技术的标准化与模块化能力。要充分发挥网络效应的全部效能，所扩散的产品或技术需要是标准化和模块化的。这是由网络效应的核心逻辑和机理所决定的，即拥有最广泛用户基础的一方取胜，技术和产品的性能领先性不再是影响采用绩效的决定因素。一方面，通过设置通用的、开放的技术接入与扩散标准，尽可能将技术标准对组织产品、能力等的要求限制在一个范围内，生态系统内企业采用外部技术和产品时所产生的交易成本和学习成本都将大幅降低，强化其接纳相关标准的意愿。另一方面，将原本复杂的功能结构拆分为简单的、可根据需求进行重组的功能组件，生态系统内企业利用外部技术和产品来创造价值的能力也会得到显著提升。因此，对想要通过激发网络效应而使自身产品或技术成为主导范式的企业而言，对产品设置标准和进行模块化处理的能力尤为重要。

3.3.2　互补资源整合能力

企业创新生态系统背景下，系统内互补资源整合能力被定义为对不同来源、不同形式、不同用途、不同功能、不同效能的资源进行搜索、识别、吸收、整合、重新配置，形成能够实现价值创造最大化的资源配置结构的能力（Dahlander and Magnusson，2005）。创新生态系统情境中的企业整合对象不仅仅是满足 VRIO 条件（即有价值的、稀缺的、难以替代的和难以模仿的）的资源，而是要与其他生态系统内创新者所拥有的资源形成互补效应。正是对资源互补性的要求将创新生态系统区别于诸如战略联盟等传统网络组织，这一观点已被学界视为共识，认为企业创新生态系统是由具有不同程度的多边非通用互补性资源的组织或组织群落构成的，并以信任、声誉等非正式制度的治理为特征。

以苹果的生态系统为例，早期，思科为苹果提供网络硬件，怡安

（Aon）为苹果提供风险评估服务，安联（Allianz）则为这些风险承保，这三家企业基于构建具有绝对统治力的供应链的共同目的，通过签订商业契约形成战略联盟。真正使苹果所处的组织网络演化为生态系统的是 iTunes 打开平台边界后对应用开发者的引入，这些开发者基于苹果的基础开发架构进行了一系列针对互补性产品的创新活动，逐渐使整个网络发展成为一个生态系统。在这个生态系统中，位于不同生态位的创新主体始终在搜索和识别与自身具有互补价值的资源和能力，通过整合这些资源和能力实现价值创造的最大化。

所谓资源和能力的互补性可以从狭义和广义两个角度理解。狭义角度的资源互补性被定义为机器设备等有形资产的互补、技术互补，或双方知识基的互补；广义角度的资源互补性被定义为双方利基市场的互补、前后端资源的互补（如技术与资金互补、产品与终端市场互补）。上述两个角度都强调资源的非相似性。对于相似性高的资源，其价值创造和获取的潜力主要通过规模效应与范围效应以及提升市场支配力、寻求垄断租金来实现。对于互补性高的资源，其价值创造和获取的潜力则主要通过协同效应、学习效应以及因果模糊性来实现。在企业创新生态系统情境下，构建和整合互补性资源的过程具有难模仿性，成为企业获取租金的主要机制，竞争对手即使能够观测到企业进入创新生态系统后取得显著绩效提升，但无法识别导致绩效提升的直接动因。从资源观视角看，获取互补性资源，尤其是隐性互补性资源，是企业加入创新生态系统的主要动因，而整合不同互补性资源所产生的价值溢出差异直接决定了企业对所进入的创新生态系统的选择决策。

由于数字资源具有隐性资源特性，也具有高度因果模糊性特征，因此，企业创新生态系统内数字资源互补性整合能力的重要性会进一步提升。在传统创新网络中，资源的配置主体（如企业、科研机构、政府和非营利组织等）在生态系统中的生态位是相对明确的，资源整合过程各方的关系和结构也是相对明确的，但在数字创新生态系统中，数字基础设施是开放的，具有"准无边性"。通过技术和产品的辐射，企业组织的网络联系可以向更远处延伸，一方面，可以帮助系统内企业获取更多具有更高价值的互补性资源，实现互补资源的跨边整合；另一方面，数字资源的整合关系更具多样性和复杂性，数字资源的互补性整合能力成为企业构建竞争优势的关键。

也正是因为数字资源的复杂性，导致企业创新生态系统中互补资源整合的不确定性和风险性。

- 企业创新生态系统中存在大量的非正式制度治理机制，会导致参与者之间合作行为的不确定性。比如，合作伙伴可能会隐匿甚至伪造互补性资源信息，给焦点企业造成交易摩擦，增加交易成本。焦点企业，由于担心失去核心知识或资源，会采取限制互补性资源拓展的行为。
- 资源互补性价值创造载体存在不明确性，合作各方往往会采取相对明确的互补资源池来落实，在系统内就出现了市场渠道资源池、技术资源池、资金资源池等，这些不同资源池有不同的价值指向，会导致协同创新网络的分割化，进而导致整个企业创新生态系统难以形成网络效应。

- 资源非平衡带来的权力博弈问题。根据资源依赖理论,价值分配与管理权分配取决于双方所投入的资源价值。互补性资源存量较少的企业会认为将来只能分配到很少的利益,且无法掌控话语权,这些企业为避免被"剥削",往往会限制自己构建和整合互补性资源的强度和创新力度。因此,焦点企业的赋能机制和治理机制设计就显得特别重要。

本章分别从支撑系统、动力系统、能力系统三个方面勾勒了企业创新生态系统的功能架构,借助案例分析,阐释了这些系统发挥功能的体制机制。对于支撑系统,本章以服务型数字平台和在线创新社区为例,对这两种企业创新生态系统中独特的基础设施进行了阐述,包括基本概念、功能特征、治理结构、作用机制等,认为这些数字化、生态化、网络化的基础设施构成了企业创新生态系统正常运作并发挥功能的先决条件,也是企业创新生态系统不断成长的基础能量。对于动力系统,本章总结归纳了企业创新生态的两大动力体系,分别为基于网络效应激发创新主体协同体系、基于资源协同赋能企业创新体系,这种动力系统引致了整合互补资源和激发网络效应的能力体系。

参考文献

[1] ADLER P S. Market, hierarchy, and trust: the knowledge economy and the future of capitalism[J]. Organization science, 2010, 12(2): 215-234.

[2] ALEXY O, REITZIG M. Private-collective innovation, competition, and firms' counterintuitive appropriation strategies[J]. Research policy, 2013, 42(4): 895-913.

[3] ANDERSEN-GOTT M, GHINEA G, BYGSTAD B. Why do commercial companies contribute to open source software?[J]. International journal of information management, 2012, 32(2): 106-117.

[4] BALDWIN C, VON HIPPEL E. Modeling a paradigm shift: from producer innovation to user and open collaborative innovation[J]. Organization science, 2011, 22(6): 1399-1417.

[5] BARON R A. Job design and entrepreneurship: why closer connections = mutual gains[J]. Journal of organizational behavior, 2010, 31(2): 370-378.

[6] BONACCORSI A, ROSSI C. Comparing motivations of individual programmers and firms to take part in the open source movement: from community to business[J]. Knowledge technology & policy, 2006, 18(4): 40-64.

[7] BOUDREAU K J, LAKHANI K R. Using the crowd as an innovation partner[J]. Harvard business review, 2013, 91(4): 60-9, 140.

[8] CROWSTON K, SCOZZI B. Open source software projects as virtual organisations: competency rallying for software development[J]. IEE software proceedings, 2002, 149(1): 3-17.

[9] DAHLANDER L, MAGNUSSON M G. Relationships between open source software companies and communities: observations from nordic firms[J]. Research policy, 2005, 34(4): 481-493.

[10] DAHLANDER L, MAGNUSSON M. How do firms make use of open source communities?[J]. Long range planning, 2008, 41(6): 629-649.

[11] DAHLANDER L, WALLIN M W. A man on the inside: unlocking communities as complementary assets[J]. Research policy, 2006, 35(8): 1243-1259.

[12] FITZGERALD B. The transformation of open source software[J]. MIS quarterly, 2006, 30(3): 587-598.

[13] FLEMING L, WAGUESPACK D M. Brokerage, boundary spanning, and leadership in open innovation communities[J]. Organization science, 2007, 18(2): 165-180.

[14] FOSFURI A, GIARRATANA M S, LUZZI A. The penguin has entered the building: the commercialization of open source software products[J]. Organization science,

2008, 19(2):292-305.

[15] FOWLER S W, LAWRENCE T B, MORSE E A. Virtually embedded ties[J]. Journal of management, 2004, 30: 647-666.

[16] FUENTELSAZ L, GARRIDO E, MAICAS J P. Incumbents, technological change and institutions: how the value of complementary resources varies across markets[J]. Strategic management journal, 2015, 36: 1778-1801.

[17] GHAPANCHI A H, WOHLIN C, AURUM A. Resources contributing to gaining competitive advantage for open source software projects: an application of resource-based theory[J]. International journal of project management, 2014, 32(1):139-152.

[18] LV B, QI X. Research on partner combination selection of the supply chain collaborative product innovation based on product innovative resources[J]. Computers & industrial engineering, 2019, 128: 245-253.

[19] RIETVELD J, SCHILLING M A. Platform competition: a systematic and interdisciplinary review of the literature[J]. Journal of management, 2020, 47(6): 1528-1563.

[20] SHAIKH M, LEVINA N. Selecting an open innovation community as an alliance partner: looking for healthy communities and ecosystems[J]. Research policy, 2019, 48(8):103766.

[21] 陈大庆, 胡燕菘, 叶兰. 图书馆开源社区持续发展模式研究［J］. 图书馆学研究, 2011（15）: 51-55.

[22] 陈钰芬, 陈劲. 用户参与创新: 国外相关理论文献综述［J］. 科学学与科学技术管理, 2007, 28（2）: 52-56.

ENTERPRISE
INNOVATION SYSTEM

第 4 章

企业创新生态系统行为

在不同类型的企业创新生态系统中，核心企业与供应商、客户、竞争者、互补者间的关系和结构各不相同，这使得看似"底层"和"通用"的系统层功能对创新行为产生差异化的作用逻辑和作用效果。本章将进一步关注"系统层功能如何影响企业创新生态系统内参与者的创新行为"的问题。

本章立足于不同形态企业创新生态系统内的创新参与者之间关系和结构差异而引发的情境特点，探索不同情境下系统层创新行为的独特规律。按照"情境特点—行为模式"的逻辑主线来构建企业创新生态系统的协同创新行为规律，期望能对"不同类型的企业创新生态系统创新行为"的过程性问题予以回答。

4.1 核心控制型企业创新生态系统的创新行为

核心控制型企业创新生态系统内的关键创新行为者包括核心企业、供应商和客户，核心特征是核心企业占据最高资源位势，并由此而建立起强大的自我中心网络。而系统内参与者的价值创造活动均围绕核心企业所构建的核心价值主张而展开。

由于该类创新生态系统中核心企业位于价值链的顶端，系统内参与者的技术路线、经营方式和生态位势等很大程度上由核心企业主导。因此，核心企业的一系列作用于系统内创新行为的"主导"行动是打开这类企业创新生态系统中协同创新行为机理的关键。为此，本章从核心企业视角出发，立足于核心控制型企业创新生态系统的情境特点来刻画系统内的协同创新行为模式及内在逻辑。

4.1.1 情境特点：集体不确定性

核心控制型企业创新生态系统是以核心企业为单一核心，并由其主导系统发展方向的一种创新生态系统类型。由于系统内主体间存在复杂的相互依赖关系，使得核心控制型企业创新生态系统情境下的系统创新行为暗含了集体不确定性的特点。这种不确定性可进一步解构为"主体维"和"功能维"的集体不确定性。前者聚焦于核心企业缺乏对用户需求和偏好以及行业未来发展方向的准确把握，导致对潜在互补对象和发展方向选择的犹豫不定以及对构建资源互补过程的缓慢推进。后者聚焦于核心企业连带互补者尚未形成对创新产品/业务开发过程和产品/业务定义的统一认识，导致具有潜在相互依赖关系的参与者之间对于"我们能一起做什么"这一功能层面的不确定。我们结合案例来具体解读核心控制型企业创新生态系统情境下的集体不确定性。

1. 互补主体不确定性

以"浙江吉利控股集团有限公司"（以下简称"吉利"）为例，吉利在打造智慧立体出行生态过程中，吉客智能生态系统和"耀出行"品牌业务的相继扩展的过程中面临高度的互补主体不确定性。例如，2018 年，吉利加速向新能源转型，推出吉利吉客智能生态系统（GKUI）。这是吉利打造智慧立体出行生态的互联共创、开放共享车联网平台。此时，吉利并不清楚谁是潜在互补者，于是将原来的智能生态系统升级为一个真正的开发者平台，融入更丰富的互联网生态服务，生态系统中的互补者逐渐呈现多样性。除此之外，吉利在打造高端出行平台"耀出行"之初，也面临着合作对象难以确定的困境，吉利科技集团副总裁在提到这一点时也表达了吉利作为核心企业却难以识别能够提供互补性技术的潜在合作者的困境——"过去传统汽车行业仅停留在制造环节……同时我们也无法照搬滴滴、Uber 这些出行公司的经验"。

2. 互补功能不确定性

吉利的智慧立体出行生态构建面临一定程度的互补功能不确定性。吉利自从 1997 年进入汽车行业以来，一直作为一家传统汽车制造企业存在。2018 年，吉利加速向新能源转型，成立吉利科技集团有限公司,从原来的传统汽车制造业务,转变为新能源等含有高科技属性的前瞻业务。但由于吉利的产业环境持续面临"新进入者换道超车"的冲击,不可避免地需要适时更新互补业务类型。在这一过程中,吉利自身对于生态系统互补功能的筛选和构建也经历了反复迭代和完善过程,才得以最终达到向用户提供好用、易用的App化汽车智能生态使用体验的结果。类似地,"耀出行"开发之初也经历了识别互补功能从模糊到清晰的过程。吉利方面介绍道,"我们所处的行业仍是一个无人区,是没有人成功过的高品质出行领域""汽车公司或者网约车平台公司如何运营大量的智能化、电动化的自动驾驶车队?"这是吉利在与戴姆勒签约合作之初并未事先具体构想的,而是通过"和戴姆勒的管理层以及其他股东进行进一步深度的讨论"来明确的。

4.1.2　行为模式:核心企业的资源互补策略

在这样的情境下,我们进一步探究核心控制型企业创新生态系统中核心企业的行为模式。由于该类生态系统的成长和发展极度依赖核心企业,为了持续带动整个生态系统成长和发展,核心企业必须不断扫描市场环境、吸纳和整合来自不同技术领域的互补资源,有效构建资源互补的过程至关重要。正是由于核心控制型企业创新生态系统呈现出的集体不确定性特点,核心企业无法遵循已有逻辑实现资源互补。以吉利、海尔为代表的大型生态系统开始广泛采纳"纵向的""培育式"资源互补建立方式,明显区别于以往组织进行资源互补时,寻找外部现存资源及现有能力的惯有做法。

因此，我们对"核心控制型企业创新生态系统资源互补过程机制"这一问题进行探索。核心控制型企业生态系统的系统创新行为面临着集体不确定性的情境特征，导致核心企业的资源互补过程存在三方面挑战。

一是资源互补路径不清晰。在生态系统情境下，核心企业几乎不可能预知哪些互补资源未来可能会有价值、何时会有价值（Lange et al.，2013）。此时，如何有效吸纳和筛选潜在互补者成为一个难题。

二是参与者关系配置不稳定。受自身所掌握的信息深度和广度动态变化制约，核心企业难以处理更加模糊的资源组合因果关系，导致系统内相互嵌套和依赖的参与者关系复杂度加剧（Adner，2017）。一旦核心企业无法有效管理，这种模糊性就会在松散耦合的参与者间迅速传播，导致整个生态系统走向衰亡（Gomes et al.，2018；Iansiti and Levien，2004）。

三是互补规则更新滞缓。由于核心企业占据最高资源位势，拥有生态系统中网络控制权。核心企业制定一套高效、公平的交互规则能够有效确保系统内的协同和整合，对于整个生态系统的健康发展至关重要。由于生态系统多方参与者在价值创造、价值获取动机等方面存在差异性与动态性（Kapoor and Furr，2015），这对核心企业的互补规则的迭代与更新提出了更高要求，否则可能会降低参与者在生态系统内的创新意愿。此时，企业的应对策略需要对生态系统中异质性参与者动态关系和结构进行充分考量（Gomes et al.，2021）。对此，核心控制型企业创新生态系统内掌握所有系统资源通道和资源流动方向的核心企业应如何克服不确定性，进而实现资源互补呢？

1. 知识基拓展策略

核心企业会通过知识基拓展构建企业创新生态系统的互补资源，这具体表现为：员工的多重身份设定、战略并购、多元风险投资、共建实验室、打造数字线上社群等方面。例如，亿咖通科技作为吉利研究车联网技术的子公司，其总经理同时也是吉利研究院的副院长，"很多吉利人都是双重身份"，而这种多重身份的构建能降低沟通成本，有效提高知识整合的效率。为了进一步完善吉利在"智能化、电动化"方面的战略布局，围绕吉利的核心价值主张而有效构建资源互补，吉利收购了沃尔沃和戴姆勒集团股份，"从战略协同的角度来考虑在技术和未来的发展战略上占领制高点"。多元风险投资则更能体现出不确定性下企业的反应，吉利表示，"如果光纯电的话，太受制于政策的限制和影响了，因此吉利新能源并不是一条线路，而是轻混、插电混动、混动、纯电各方面的线路都在布局。"借此为企业下一步新能源产业全链条的布局储备经验。

2. 生态目标更新策略

核心企业为了抓住随时可能涌现的市场机会和用户新需求（即资源缺口），会适时更新生态目标和系统整体的发展方向。这具体表现为：快速迭代升级互补品、设定逆向筛选规则、更新准入门槛等。例如，吉利发现，"如果整体渠道特别好、产品特别给力，同时市场环境也不错,作为自主品牌一定会迅速调高新的目标……我们也是针对市场实际发展做出一些顺应性的调整。"

3. 系统知识定义策略

核心企业通过输出标准化能力、架构模块平台和传递产品价值观来定义系统知识,强调核心企业的市场影响力以及撬动潜在互补者能力,推动行业标准的形成和更新。吉利的案例中,"各品牌的后台平台(包括技术、服务、品牌)已经打通,不存在资源分散的问题。其中最核心的模块化架构优势,使得各品牌之间可以实现资源共享进而实现规模化效应。"通过与生态伙伴共建研发中心,在基础架构平台核心零部件、采购等方面进行资源共享,在标准流程等先进理念上做技术沟通,"在这个系统当中有很多吉利的元素是一起研发的",平台化、规模化的效益也已开始得到体现。此外,向互补者输出产品和价值观则是定义创新生态系统知识的另一方面行动,这是因为在生态的资源管理中,与生态伙伴在意识形态上的认可和趋同会降低管理和沟通成本,提高核心企业建立互补资源的效率。

4. 互补者关系引导策略

在资源互补的构建过程中,核心企业通过划分竞争领域、激活系统内部竞争和耦合互补者结构来引导互补者关系。核心企业适时调整与互补者的耦合结构关系,保持生态系统的弹性与活力。轮换主导角色和调整耦合紧密程度能使核心企业顺应系统中与互补者的关系动态变化。例如,吉利与互联网科技公司合作能够快速实现智能化,"布局自动驾驶多年的百度想要亲自下场造整车，可以基于吉利现有的平台、利用吉利的造车经验，快速地推出产品"。

综上，核心控制型企业创新生态系统内的核心企业通过知识基拓展、生态目标更新、系统知识定义、互补者关系引导四种策略来完成资源互补的过程。而这四种策略实质上是核心企业为了克服核心控制型企业创新生态系统资源互补过程中存在的两种集体不确定性而采取的应对战略（见图4-1）。在面临互补主体不确定时，核心企业主要以利用互补不确定性为策略选择出发点，选择系统知识定义、互补者关系引导资源互补策略，采取以"塑造"为主的战略姿态，即企业倾向于通过大量资源投入来构建"以我为主"的生态系统市场秩序，引导系统内成员向理想的方向发展。在面临互补功能不确定时，核心企业主要以解决或降低不确定性为策略选择出发点，选择知识基拓展、生态目标更新这一类资源互补策略，采取以"顺应"为主的战略姿态，即企业尽可能多地分配资源去持续跟踪系统环境的变化，快速响应以把握随时出现的发展方向和机会。

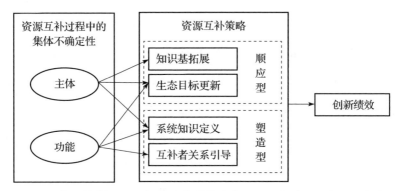

图4-1 核心控制型企业创新生态系统内核心企业的资源互补过程框架

4.2 创业社区型企业创新生态系统的创新行为

创业社区型企业创新生态系统内的关键行为者主要是核心企业和其他创业企业，其中核心企业为嵌入系统的、来自不同产业的参与主体提供虚拟创新场所和各类创新资源的"引路人"。尤其在更为开放、透明的数字世界中，以开源社区为典型的在线社区成为企业获取开放式创新资源的新模式，为创业社区型企业创新生态系统提供了探索新知识合作和价值共创全新方式的机会。创业社区型企业创新生态系统内各参与者之间相互独立、松散耦合，包括核心企业在内的各参与主体都可以利用在线社区来实现众包式创新、获取技术创新资源，由此，这类企业创新生态系统的创新氛围浓厚、资源丰富、成本较低。

企业在搜寻研发伙伴时逐渐将目光从其他具有互补性资源的企业、大学、研发机构等传统组织上挪开，转而关注开源社区这一类集聚了万众创新者的虚拟网络组织。近年来，越来越多的企业开始寻求与开源社区建立合作，以更为高效和更具合法性地利用散落在整个虚拟空间的优质创新资源（Shaikh and Levina，2019）。跨国科技巨头早早就围绕开源社区进行了战略性布局，如 IBM 成立 Eclipse 基金会，微软收购 GitHub，谷歌开源 TensorFlow 等。中国企业也跟上步伐，百度、腾讯、阿里巴巴等接连布局开源。同时，新创企业常常遇到金融资源匮乏和内部能力不足等问题。为克服这些所谓"小组织缺陷"（liability of smallness），它们会主动寻找外部知识源，积极拥抱拥有丰富的免费且优质的代码以及大量自由劳动力的开源社区。

创业社区型企业创新生态系统中，基于社区的企业创新模式如何形成与演化？各生态参与主体将如何最大效率地利用社区内游离的创新资源？对这些问题的有效回答是打开这类生态系统内协同创新行为黑箱的钥匙。

4.2.1 情境特点：认知层面统一

区别于核心控制型企业创新生态系统的创新行为主要强调核心企业发挥的塑造作用，创业社区型企业创新生态系统往往强调系统主体间的横向沟通与协作，其管理与运作更多依靠多主体的联合自治行为而非科层治理机制。原因在于，这一类型的企业创新生态系统内的核心企业和创业企业往往"共生共荣"，在合作中彼此成就。作为企业的全新创新工具，在线社区可以被理解为一种依托虚拟网络构建、强调自愿贡献的开放创新平台。这种全新的"知识创造的集体空间"在促进企业知识合作和价值共创等方面的作用日益突出。

作为在线社区的典型呈现形式和重要子类之一，开源社区正以其独特的方式重塑着数字经济时代下企业的价值创造和价值获取逻辑（Chesbrough，2003；Barge-Gil，2010）。开源社区是指在开源软件许可证协议的指导和约束下，社区内参与主体围绕开放源代码的系统或系统组件，自发形成的以软件的共同开发与维护以及知识的交流与传播为主要活动形式的网络组织（Lee and Cole，2003）。相比于传统的在线社区，开源社区这一组织的独特性至少体现在三个方面：

- 知识的外显性和代码的高度可复制性使开源社区面临更为棘手的知识资产治理难题，并形成了独特的以"著佐权"（copyleft）为核心的知识资产治理机制。

- 开源软件的产销合一性极大缩短了开源社区的创新链条，大幅提高了从创意到产品的转化率。
- 追求公共利益的价值主张使得开源社区形成了联合自治的独特组织结构，又定义了开源社区与追求私人利益的商业组织间的复杂竞合关系。

由此，企业利用开源社区建构创新行为时会引发以下两方面挑战。

第一，在强调意志自由和追求价值共享的开源社区，原本已在传统商业世界中形成高度共识的逻辑和做法不再具有认知合法性。具体而言，作为组织过往经历的产物，认知合法性被广泛定义为利益相关者对组织行为可理解性与正当性的评价，反映了组织和某些社会团体在信念上的一致性，决定了什么样的行动者可以什么样的姿态存在（Ruef and Scott，1998）。已有研究发现，企业在参与开源社区时面临一定的进入壁垒——既会遭遇社区用户对商业组织成员的"身份歧视"（Shaikh and Levina，2019），又会面临诸如 GPL、BSD 等各类开源软件许可证协议的规制性束缚，产品技术闭源的思想和对员工创新行为的控制使企业面临来自社区的高认知合法性压力。与之相对，以 Red Hat、Canonical 为代表的专门围绕开源软件展开核心业务的"纯正玩家"却往往具有相对较高的认知合法性。因此，当生态系统的核心企业试图融入开源社区这样的虚拟网络组织时，双方在意识形态上的冲突就势必化为一股相斥的作用力，阻碍进一步交互的发生。在这一情境下，回答和解决"企业与开源社区间的同构和认知合法性"问题成为关键。

第二，在获取认知合法性之后，企业又应该如何更好地利用开源社区实施开放创新？开源社区被认为是具有易于渗透的、形态不定的且对关键资源控制较弱的网络组织（O'Mahony and Bechky，2007），在发展初期常常需要通过与企业合作来获取技能、代码以及融资渠道等资源，从而产生依赖的不确定性。尤其是在近年来不断涌现出具备超过企业创新能力的大型开源社区，和中小型企业在开源生态中的角色日益突出的现实背景下，"企业-社区"的资源依赖与权力关系处于动态变化的过程中。因此，解构和分析这种动态关系影响下企业依托开源社区的创新行为模式的形成和演化同样至关重要，这是企业转移吸收社区资源的前提条件。

4.2.2　行为模式：核心企业如何从开源社区中获益

创业社区型企业创新生态系统内核心企业致力于将更多参与者纳入生态系统中，核心企业将社区视作互补性资产的来源，通过与其合作实现对生产要素与生产条件的重新组合。由于这类生态系统以在线社区为依托，往往以"非正式"的思想文化作为凝聚成员的核心基石，强调信仰与价值认同的一致性。加之雇用合同的缺位，链接参与用户的纽带不再是等级与职位，而是强烈的共同价值取向，因此，这类生态系统的核心企业利用开源社区来获取异质性知识，试图从开放式创新中获益，但面临着强烈的"融入"困境。为此，我们聚焦于"企业-社区"交互过程中形成的资源依赖关系，刻画创业社区型企业创新生态系统这种基于社区的创新行为模式。

核心企业融入开源社区的过程中，面临着差异化的合法性压力，而这种差异源自核心企业与开源社区的同构程度：核心企业与开源社区的存在形态与行为选择越相似,其在社区的认知合法性就越高。因此,为消除阻碍技术共享与价值共创的屏障,核心企业会从治理制度和商业模式两个维度与开源社区实现同构,以形成紧密耦合的协同创新网络(见图4-2)。首先,企业应效仿开源社区,对自身组织制度进行类"集市化"设计,在各层级的决策制定过程中,适当引入能够反映集体意见的民主决策机制,使具有隶属关系的治理客体保持相对的运作独立性等。这些举措的核心要旨均在于给予组织成员以较高的思想和行动自由,及时反映民意。其次,作为组织文化及其核心思想的映射,企业的价值主张应有选择地包含开源文化中的符号和象征,并适当隐匿可能引起冲突的表意。最后,企业还应将开源技术或开源互补品整合入自身产品体系,与开源世界建立可视的桥接关系。由此得出结论,企业可以从治理制度和商业模式两个维度向开源社区同构,以形成紧密耦合的协同创新网络。企业于开源社区的认知合法性在同构影响协同创新网络耦合程度的过程中扮演着中介角色,这一结论为企业融入以开源社区为代表的开放创新平台提供了一条可行的路径。

图4-2 核心企业与开源社区间的认知合法化

突破了"认知合法性"的门槛后,进一步探索企业基于社区的创新模式的形成与演化,有助于企业更为高效、更具合法性地利用社区创新。作为开放创新的极致化形式,企业利用开源社区实施创新的模式常依照资源流动的方向被归纳为外向型、内向型、耦合型三类。通过对"三六零安全科技股份有限公司"(以下简称"360科技")和"OSCHINA 开源社区"(官方译为"开源中国")在三个阶段创新行为的分析发现,企业基于社区的创新模式形成与演化表现为资源流向和治理机制的改变,其取决于两个主体在不同阶段的依赖关系,而依赖关系又进一步受到组织资源禀赋(内生要素)与技术复杂度(外部情境)的动态交互作用。此外,技术复杂度的作用具有非对称性,高技术复杂度会放大社区创新的先天劣势,进而使依赖方向与权力关系向企业倾斜。

1. 外向型模式阶段

由于国内开源理念和实践正值起步,加之社区用户群体内部存在庞大的技术水平差异,开发者常因技术和理念的不同步而无法形成协同,劳动合同的缺失和治理机制的不完善更是让持续且规律的用户贡献无法得到保障。开源中国对 360 科技形成单向的强资源依赖,而后者为满足组织声誉提升、合法性获取、技术标准建立等目的回应了这种依赖需求,表现为:作为最早一批入驻开源中国的企业组织,360 科技通过大量人力与代码资源的输出,在社区完善基础架构、丰富功能模块及早期市场推广的过程中起到了重要作用;其发起的 QuickSQL(旧版)成为开源中国上最早的企业级项目之一,并成为 360 科技向社区直接输送或间接引流人力与代码资源的关键纽带。在较为宽松的 MIT 协议指导下,360 科技内部的开发人员帮助社区完成了包括搜索、页面、缓存等多个板块的 Java 代码编译与注释。为进一步加快社区的成长速度,360 科技还分享了一定的市场资源,多次在公共场合为开源中国站台，利用在互联网广告业务方面的渠道帮助社区引流。由依赖关系决定，360科技作为资源的供给方将治理焦点牢牢限制在组织边界内部。其在QuickSQL等多个初代项目中采用了MIT、Apache等介于完全自由和完全商业之间的折中性协议。

2. 内向型模式阶段

随着开放创新理念与实践的深入扩散和社区创新能力的不断增强，以开源中国为代表的开源社区已然成为企业尤其是软件企业在描绘创新蓝图时不可或缺的拼块，甚至出现了大量依靠社区"谋生"的开源软件企业。在这一阶段，开源中国日渐成为360科技在转型关键阶段的重要开放创新工具，参与甚至主导了360OS、Atlas等核心项目，且其提供的赋能作用正随着开源思潮的流行和企业打开创新边界后形成的路径依赖而不断放大。由此，360科技从响应依赖需求的一方转变为发出依赖需求的一方，需要从社区吸收、整合及利用资源以赋能内部创新并完成战略转型。相应地，360科技也将基于社区的创新模式由以资源供给为主的外向型切换为以资源汲取为主的内向型，表现为以下两点。

首先，在进军手机领域时，与一般厂商选择内置安卓系统不同，360科技选择开发自己的系统"360OS"。由于操作系统开发并不属于公司主营的技术领域，除了合作伙伴提供的技术支持，开源成为360科技推进项目的重要工具，包括开源中国在内的众多开源社区贡献了整个系统超过一半的源代码。

其次，为充分利用社区大量的免费人力资源，进而以最经济的方式提高开源建站的漏洞扫描能力，360 科技面向开源中国等社区发起"库带计划"，在社区用户中快速征集系统漏洞。由于依赖关系发生变化，360 科技对项目的控制权和自主权在很大程度上被削弱，治理焦点开始向社区移动。

3. 耦合型模式阶段

360 科技与开源中国形成了互利共生的相互依赖关系。用 AceSword Lab 项目负责人的话说，"360 科技与开源中国就像自然界中的犀牛与犀牛鸟，我们需要他们（开源中国）来帮助清理项目中的'病虫害'，更需要他们提供技术方向上的预警。"创新模式从上一阶段的内向型转换为耦合型，表现为：360 科技与开源中国自 2016 年起正式建立官方合作关系，双方整合和交换的资源也从过去以代码、人力为主逐渐向组织、市场等更容易产生竞争优势的资源拓展。360 科技先是与开源中国合力构建兼具代码托管与安全检测功能的云端开发链条，360 代码安全卫士将为社区开发者提供包括 C++、Java、Python 等主流编程语言开发软件的源代码安全检测服务，帮助用户筛查可能的缺陷和漏洞。2018 年，为建设安全大脑生态，360 科技向开源中国开放多项安全数据资源，支持其利用这些资源进行攻击溯源分析、欺诈预防预警等研发活动。除了组织层面的正式合作，双方在团队层面的资源置换频率也急剧提升，发起的合作项目于 2016 年后迎来井喷，包括 Pika、WatchAD 在内共计 16 个项目在该阶段上线，占 360 科技在开源中国上项目总数的 50% 以上。由于这一阶段的相互依赖关系，360 科技逐渐在与开源中国相互依赖的过程中形成了组织层面的共同治理机制，这些正式或非正式的机制是高度特定于这段"企业-社区"关系的，治理焦点也相应地从社区转移至双方组织边界的交接处。

进一步地，我们发现基于资源的依赖关系及在这种依赖关系下产生的治理机制受到两个主要因素影响——组织资源禀赋和技术复杂度。组织资源禀赋是指某一组织所拥有的各种生产要素，包括企业家才能、资本、劳动、土地以及惯例等。在观察期内，不论是360科技还是开源中国，其组织资源禀赋在纵向上表现出高度动态性。技术复杂度通常是指一项技术及其所包含的科学原理、规则易于被理解以及在实际应用过程中需要利用元件、系统与其他单体技术和材料的程度。网安技术在案例观察期间发生了重大的范式与理念变革，且几次变革发生的时间节点基本与我们识别出的三种创新模式的切换节点相吻合。综上所述，我们进一步提炼出图4-3的基于在线创新社区的企业创新模式理论框架。

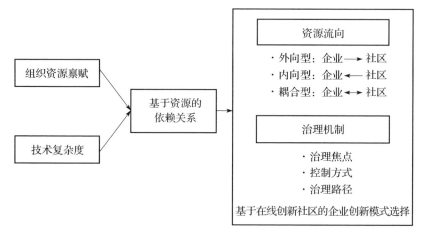

图4-3 基于在线创新社区的企业创新模式理论框架

4.3 双边市场型企业创新生态系统的创新行为

双边市场型企业创新生态系统内的关键创新行为者包括平台企业、供应商、客户。例如，以淘宝为核心而构建的企业创新生态系统是典型的双边市场型企业创新生态系统。其中，阿里巴巴为淘宝平台的提供者，内部众多商家则作为供应商，来自全球的消费者则作为企业创新生态系统的客户。海量的同质化商品和服务供应商会出于争夺生态内的有限资源而进行竞争与合作，同时各个参与主体也会借助平台与用户进行互动，以实现价值共创。这类企业创新生态系统的特点是，系统以某一数字平台的所有者为核心，海量的异质性供应商、参与者借助平台来为终端用户提供互补性产品或服务，强调了平台企业控制下终端用户和参与者的价值共创行为。

事实上，早期平台企业大多基于传统电商模式，平台参与者的创业活动大多基于渠道型、交易型的中间组织演化而来。随着市场竞争加剧与企业发展形态的演变，平台企业正在探索参与者从低成本竞争、流量竞争向参与者在系统内协同创新、价值共创型竞合转变，如淘宝从模仿 eBay 起家，发展到现在的"大淘宝战略"，将更多参与者纳入企业创新生态系统中，通过技术赋能帮助千千万万就业者生存发展和中小企业转型升级。由此可见，平台企业的成长和竞争战略是探索本类企业创新生态系统的关键切入点。基于此，第 4.3 节在梳理和刻画双边市场型企业创新生态系统情境特点的基础上，重点关注以数字化功能为典型代表的平台层特征，对平台企业发展路径和市场绩效的影响机理。

4.3.1　情境特点：平台驱动的创新

考虑到双边市场的形成离不开具有交叉网络外部性的平台作用，为了更好地体现双边市场型企业创新生态系统核心企业作为"平台"的特点，下面的内容以"平台企业"代之。双边架构和网络效应是平台企业区别于传统经济组织最重要的两大本质特征（Thomas et al.，2014），也是这一类型企业创新生态系统协同创新行为的关键助力。平台企业通过搭建供需方群体交互的界面，通过激发和强化网络效应来创造链接价值、互动价值以及个性化服务价值（肖红军，阳镇，2020）。因此，有效整合供需资源、促成供需交互是平台企业协调价值共创的基本逻辑。由此，平台企业扮演着至关重要的角色，并逐渐成为企业和用户价值共创活动的新场景（Nambisan et al.，2019；Kraus et al.，2019）。

双边市场型企业创新生态系统内的核心企业在推动系统创新行为过程中，主要基于四大基础性功能为整个生态系统的创新提供支撑（Srinivasan and Venkatraman，2018；魏江、刘洋，2020）：

- 基础设施支撑功能，包括数字基础设施（数字技术架构等）和物理基础设施（大型计算机、仓储物流设施等）、制度安排（正式制度、文化等）、生态系统内外部网络构建（生态系统各类参与者以及外部相关者之间的合作网络）等。
- 创新创业动力激发功能，包括生态系统中互补者的创新动力、企业家精神、用户及供应商参与创新创业的动力等。
- 赋能参与者功能，包括平台对价值创造者的赋能机制、平台联合其他互补者对价值创造者的赋能机制等。

- 协同创新和产出功能，规定平台与各类参与者的价值分配等。

在上述四类基础功能的作用下，双边市场型企业创新生态系统已成为数字经济时代的新业态。2020年全球市值最高的十大企业中8家为平台所有者。

借助数字平台的力量来驱动互补者创新的过程中，平台间激烈的竞争可能会导致部分平台企业常常通过降低准入门槛的方式实现"快速做大"，但这可能会引发大量低质量的互补者进入平台、大量"劣币驱逐良币"等现象，可能会阻碍企业的协同创新。另外，平台企业与生态参与者之间往往处于"1对多"的关系，互补者能否"脱颖而出"很大程度上取决于平台主的主观筛选。尤其是平台主既作为生态系统内的核心企业（裁判员），又作为同样从生态中分一杯羹的生态参与主体（运动员），这种多重身份的交叠则更有可能导致算法合谋、算法黑箱等"非中立性"问题，如何正确理解平台企业的成长、平台间的正当竞争行为应如何实现等问题成为关键。

4.3.2 行为模式：数字化功能赋能平台成长

双边市场型企业创新生态系统借助数字平台改变了传统视角下企业之间的联系、机会搜索和竞争优势获取方式，凭借其对平台内数据资源的重复利用来促成生态系统内互补者之间、平台主与互补者之间的协同合作。在总结归纳双边市场型企业创新生态系统典型行为模式的基础上，我们首先识别了产业实践中平台企业的两种典型成长路径，并随后探索数字化功能作为平台获取竞争优势的关键变量如何发挥作用，来影响平台企业的行为模式。

第一，平台企业可以通过规模策略扩大参与者数量和多样性，进而为用户提供全面的产品价值和服务价值，基于内容多样性实现"跑马圈地"，提升市场绩效。具体而言，平台规模策略是指平台企业扩大参与者数量、增加参与者多样性以及提升参与者质量的一系列战略举动。当平台参与者数量很多且具备多样性时，产品/服务种类同样呈现多元化态势，用户可互动的参与者范围和种类增加。因此，平台可同时满足不同层次的消费需求（甚至小众需求），为用户提供多而全的产品价值与服务价值（Fuentelsaz et al., 2015）。同时，该情况下用户的"多次交易"集合为"一次交易"，花费的时间、精力、谈判等交易成本大大降低，用户交易意愿显著增强，平台市场绩效得到提升（Rochet and Tirole, 2003）。同时，参与者质量可充当一种有效信号，帮助用户减少搜索成本并快速制定交易决策（Afuah, 2013）。参与者质量的提升，可增强用户在平台上的互动频率、增加互动时长，从而以更大的交易规模提升平台市场绩效（Weyl, 2010；Wells et al., 2011）。通常来说，平台企业采取的手段包括质量认证、资质审查等。例如，在线上约会平台 eHarmony 上，平台方会特意限制网站会员资格，通过入会门槛来筛选高质量单身人群，以帮助用户寻找可靠的互动对象和可能的长期承诺，为核心用户提供更好的平台体验，撮合更多的平台交易。

第二，平台企业可以通过排他策略吸引专属参与者，为用户提供具有差异的产品价值和服务价值，基于内容独占性打造"利基市场"，提升市场绩效。具体而言，平台排他策略是指平台企业与关键参与者建立排他关系的一系列战略举动，涵盖的形式包括但不局限于战略合作、战略投资、股权互持等。排他策略是平台启动的核心策略之一，也是增强多边平台竞争优势的重要方式之一（Stummer et al.，2018）。通过与具有优质资源、中心地位的参与者建立排他性联系，平台可以获得专属的、创新的资源（McIntyre et al.，2021）。这些资源成为平台获取差异化竞争优势的核心支撑。通过为用户提供专属产品和服务，平台可以获得稳定的互动频率与互动时长，通过长期的高用户黏性来提升平台市场绩效。此外，与关键参与者（例如招牌互补者）建立排他关系还可以提升多边平台上产品和服务的整体质量，消除低质量产品和服务带来的逆向选择问题（Stummer et al.，2018）。尤其在平台发展初期，凭借与关键参与者排他关系的信号作用，平台在用户心中的可信度与可靠度迅速得到提升。由此，用户交易意愿得到增强，同时其转换行为得到削弱，平台市场绩效迅速提升（Dubé et al.，2010）。

平台的数字化功能在塑造平台企业长期竞争优势的过程中发挥了至关重要的作用（见图4-4）。根据数字化功能作用的逻辑，可以将其分为作用于交互范围/频率的功能、作用于交互效率/速度的功能两大类，分别命名为社群支持功能与数据赋能功能，这两种数字化功能对双边群体的交互过程产生了不同程度及不同范围的影响。

社群支持功能是指平台为参与者提供的一系列基于互动机制及社交机制的创新功能模块，呈现的可视化形式包括品牌社群、交易社群、团购社群、用户问答板块等。平台的社群支持功能，直接影响用户获取产品信息和互动信息的范围和程度，对用户的交易成本和交易决策产生重大影响（Gharib et al.，2017），从而影响平台策略对平台市场绩效的作用过程。数据赋能功能是指平台为参与者提供基于用户需求速度和用户需求准确度的数据产品功能和服务功能，呈现的形式包括可视化的营销功能、智能化的后台模块、付费的数据产品及服务等。平台的数据赋能功能，可根据数据模拟的真实需求，为用户提供更加精确的价值主张以及个性化、定制化的产品与服务，从而影响用户的平台感知价值及后续交易行为（肖红军，2015）。换言之，平台的数据赋能功能可基于用户"交互"数据信息，从而无限接近并不断满足用户的真实需求。

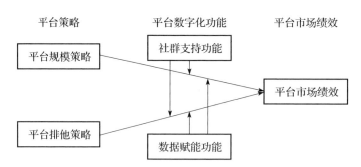

图 4-4 平台数字化功能、平台策略与平台市场绩效的关系

当平台企业选择相似发展路径时，数字化功能的强弱决定了该策略与平台市场绩效间的关系强度，即影响了平台策略的作用效果。在采用规模策略的平台中，如果社群支持功能较多、数据赋能功能较强，那么用户获得的信息种类更多、信息质量更高。同时，参与者基于大规模数据池推荐的产品和服务变得更加精准和快速，平台为用户创造的互动规模优势可以进一步裂变为信息规模优势和数据规模优势，用户将以更低的交易成本制定更优的交易决策。在采用排他策略

的平台中，如果社群支持功能较多、数据赋能功能较强，那么用户间的精细互动更多、情感交流更强。同时，参与者基于深度数据池推荐的产品和服务更加具有创新性和独特性，平台为用户创造的互动专属优势可以进一步裂变为产品专属优势和学习专属优势，用户将以更高的黏性进行多次交易并忠诚于该平台，因此平台市场绩效会更高。可见，平台的数字化功能就像一个放大镜，增强了平台规模策略的"规模优势"以及平台排他策略的专属优势，使得用户交互行为得到不断正向增强。

4.4 产业联盟型企业创新生态系统的创新行为

产业联盟型企业创新生态系统内的关键创新行为者包括核心企业、伙伴企业和客户企业，它们或呈现出供应链关系，或呈现出互补关系，以资源共享、优势互补等为目的、以承诺和信任为特征开展合作活动，形成了一种"核心企业+伙伴企业+客户"的协同创新行为模式。

在商业实践中，这类企业创新生态系统多涌现于后发企业的国际化过程中，并逐渐成为后发企业国际化过程中降低创新风险、获取竞争优势的重要方式之一。后发企业期望通过与发达国家先发企业构建研发联盟来提升其创新能力，依托构建产业联盟型企业创新生态系统，不断扩大资源互补的深度和广度。第 4.4 节着眼于新兴经济体后发企业为主导、与来自发达国家的先发企业共同构建的产业联盟型企业创新生态系统，关注后发企业依托产业联盟合作创新过程中面临的

"与鲨鱼共游"挑战，构建起"依赖关系—技术知识获取—合作创新"之间的作用模型。

4.4.1 情境特点：主体间权力非对称

来自新兴经济体企业的创新活动正以前所未有的力量颠覆传统的创新理念，涌现出成本创新、节约型创新、可负担价值创新等一系列独具特色的资源约束型创新，并在当地市场取得了巨大成功（Liu and Wei, 2013）。数字技术的快速发展与多元嵌入，使得企业间合作的地理边界、时空边界被打破，构建创新生态系统不再是那些拥有强大资源禀赋和创新能力的发达国家先发企业的特权，也有越来越多来自新兴经济体的企业期望通过构建一个"以我为主"的产业价值链来获取来自发达国家市场的相关知识、加速创新追赶。

由于后发企业面临来自技术和市场两方面的竞争劣势，发达国家的先发企业即便只作为生态系统参与者，仍然会凭借其资源和能力的强大优势而占据权力主导，并撷取生态系统内的大部分价值，而后发企业虽然作为核心企业，但常常受制于其权力劣势而"望洋兴叹"，原因是生态系统内的参与主体间由于其技术和市场能力的不对称而导致主体间关系呈现一种非对称的依赖。这种非对称的依赖关系可能会导致主体间合作的短期导向和机会主义行为，致使核心企业事倍功半，虽然建立了以我为主的生态系统，但难以获得和吸收生态内其他参与主体的核心知识。

区别于上述三种类型的企业创新生态系统，产业联盟型创新生态系统更加强调生态核心企业对来自参与者的知识的吸收和整合。而知识作为创新的重要源泉,对企业创新能力提升的作用不容忽视。在这种建立在权力关系非对称基础上而形成的生态系统中,后发企业作为该类型创新生态系统的核心企业如何利用联盟来获取多样化的知识基础以促进企业的创新是一个重要但较少被探索的研究问题(Lyles et al.,2014)。

4.4.2 行为模式:非对称联盟下的知识协同

本节从不对称关系中后发企业的角度考察两个维度的依赖关系对其知识获取的影响,以及在联盟形成后新的相互依赖模式对其行为的影响,通过关注"新兴经济体后发企业的技术知识获取活动",探索"新兴经济体的后发企业如何从不对称国际研发联盟获益"这一核心问题,期望刻画出这类企业创新生态系统中,作为生态系统核心企业却位于资源和权力劣势的新兴经济体企业如何利用联盟来提升协同创新绩效的行为模式。

资源依赖理论认为依赖是组织间关系的基础,而权力则是分析组织间关系的核心。Casciaro 和 Piskorski 把相互依赖划分成不对称依赖和联合型依赖两个维度。不对称依赖是指在二价的交换关系中活动者相互间依赖程度的差异,当二者依赖出现较高差异时,就会促使依赖优势方使用权力从交换关系中获取更多的利益。而联合型依赖则是指交换关系中活动者之间依赖的总和,二者依赖的总和越大,双方就越会紧密嵌套,从而抑制权力的使用,转而注重长期的关系导向。这两个维度对组织绩效存在相反的影响——不对称依赖不利于企业的绩效,联合型依赖则会促进企业绩效。可见,后发企业与跨国公司的不对称依赖和联合型依赖会对后发企业从不对称联盟中获益的程度产生不同影响。

首先，当后发企业拥有依赖优势时，其会使用依赖优势来帮助自身获取跨国公司的技术知识。然而，由于相对于跨国公司的技术和市场劣势，后发企业往往无法承担过高的权力使用成本，缺乏足够的资源和能力来实施更高程度的价值占用。为了维持联盟的合作关系以及达成自身的联盟目的，后发企业倾向于使用权力优势来帮助其获取相对不敏感并且自身易于吸收的成熟技术知识。相反，如果后发企业处于依赖劣势位置，跨国公司为了保护自身的核心技术知识，会使用权力优势减少对后发企业的技术知识转移和溢出，阻碍后发企业的新兴技术知识获取。所谓成熟技术知识是指行业内已经有相当规模的技术知识储备，以及其科学基础已经相当清晰的知识。而新兴技术是指被认为可以改变现状的突破性技术。这些技术一般是新颖的，但是也包括那些仍存在争议和有潜能未被开发的旧技术。新兴技术意味着其对未来技术范式的引领，包含着重大的技术突破。

其次，联合型依赖强调了依赖的存在以及互惠的关系性质，联盟双方的行为呈现长期的关系导向，有利于后发企业获取联盟伙伴的技术知识。一方面，在联合型依赖关系下，联盟双方都更关注研发联盟目的的实现。研发联盟本身的目的就是企业之间分享或共同开发特定的研发资源以实现共同的目标。因此，跨国公司分享其技术知识以促进联盟产出的意愿会增强，对其技术知识的保护力度会降低，甚至会为了联盟绩效而增强对后发企业知识传授的意愿；同时，由于联盟的长期关系导向，后发企业也更注重利用联盟提升其长期竞争优势，因而不仅关注短期的技术获取，更关注如何利用双方的技术资源进行共同开发，创造新的技术知识，从而实现自身创新能力的提升。

最后，在不对称国际研发联盟中，后发企业的成熟技术知识获取对其可负担的价值创新有正向影响，新兴技术知识获取对其激进式产品创新有正向影响。由于成熟技术发展一般只是渐进式的改善，而国际研发联盟中的后发企业一般技术知识较为落后，通过组建联盟来获取跨国公司先进的技术知识，于是，后发企业会依赖其已拥有的有限技术知识积累，去提升其理解和应用新颖知识的范围与能力（Hill and Rothaermel，2003）。但由于成熟技术知识一般与后发企业已有的知识基础相近，不会改变后发企业的知识结构，只是增强其对已有知识的理解（Zhou and Li，2012）。随着知识基础的深化，企业对已有技术有更深刻的理解，精练和丰富的专业知识会促进更多渐进式技术的提升，但不会促进激进式创新相关的突破性想法的产生，有时甚至损害企业使用新兴技术的能力。

当技术达到一定成熟度后，在原有技术范式上进行新突破的空间较小，此时企业一般会从技术创新转向流程创新，降低产品的生产成本（Hill and Rothaermel，2003）。后发企业获取的成熟技术知识，有利于其改善自身产品性能，或者对产品各个模块的设计和生产进行流程创新，从而以更低的价格向市场提供优质产品。而新兴技术知识是新颖的，通常由多个领域的技术知识聚合涌现而来。拥有多样化知识领域的企业更可能产生前沿的想法和知识部件的创造性组合（Taylor and Greve，2006）。从知识基础观看，新兴技术知识的获取会拓展企业的知识宽度，促进企业对新信息和潜在变化的理解，提高企业为激进式创新识别远距离技术或市场机会的能力（Zhou and Li，2012）。新兴技术知识的获取会给企业带来有别于已有知识的新知识，不同知识之间可以产生碰撞、聚合，有利于激进式创新相关的新想法的产生。事实上，新兴技术知识本身的新颖性、聚合性特征，蕴含着激进式创新所需的知识成分。同时，不同于成熟技术知识"拿来主义"的应用性特征，新兴技术知识由于其模糊性和不确定性，需要企业投入更多的研发资源进行探索和发展，这又会进一步提高企业的技术创新能力，促进激进式产品的开发（见图4-5）。

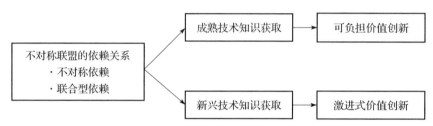

图 4-5　核心企业与参与者的依赖关系、技术知识获取与产品创新

综上，来自新兴经济体的后发企业更应需要根据自身技术获取的目标来选择合适的合作伙伴，构建"以我为主"的企业创新生态系统过程中要尽量避免不对称依赖关系，增强与系统内其他参与成员的联合型依赖，提高后发企业的系统创新绩效。同时，核心企业也需要着重平衡技术依赖和市场依赖之间的关系，既要避免不切实际地执着于原始创新，试图与系统内领先的发达国家跨国公司一较高下，也要避免过度依赖顾客和关注短期回报而陷入"顾客锁定"困境，忽视长期技术能力的提升。总之，构建这种产业联盟型创新生态系统时，既需要管理者拥有双元思想，平衡系统内看似矛盾的关系，也需要管理者

时刻关注系统内多元制度环境的作用，对复杂的制度要求做出合理的战略性回应，保持自身的战略柔性。

参考文献

[1] AFUAH A. Are network effects really all about size? the role of structure and conduct[J]. Strategic management journal, 2013, 34(3): 257-273.

[2] CASCIARO T, PISKORSKI M J. Power imbalance, mutual dependence, and constraint absorption: a closer look at resource dependence theory[J]. Administrative science quarterly, 2005, 50(2): 167-199.

[3] CHESBROUGH H. The logic of open innovation: managing intellectual property[J]. California management review, 2003, 45(3): 33-58.

[4] DUBÉ J P H, HITSCH G J, CHINTAGUNTA P K. Tipping and concentration in markets with indirect network effects[J]. Marketing science, 2010, 29(2): 216-249.

[5] GHARIB R K, PHILPOTT E, DUAN Y. Factors affecting active participation in B2B online communities: an empirical investigation[J]. Information & management, 2017, 54(4): 516-530.

[6] KRAUS S, ROIG-TIERNO N, BOUNCKEN R B. Digital innovation and venturing: an introduction into the digitalization of entrepreneurship[J]. Review of managerial science, 2019, 13(3): 519-528.

[7] LANGE K, MÜLLER-SEITZ G, SYDOW J, et al. Financing innovations in uncertain networks—filling in roadmap gaps in the semiconductor industry[J]. Research policy, 2013, 42(3): 647-661.

[8] LEE G K, COLE R E. From a firm-based to a community-based model of knowledge creation: the case of the Linux kernel development[J]. Organization science, 2003, 14(6): 633-649.

[9] LIU Y, WEI J. Business modeling for entrepreneurial firms: four cases in China[J]. Chinese management studies, 2013.

[10] LYLES M, LI D, YAN H. Chinese outward foreign direct investment performance: the role of learning[J]. Management and organization review, 2014, 10(3): 411-437.

[11] MCINTYRE D P, SRINIVASAN A, CHINTAKANANDA A. The persistence of platforms: the role of network, platform, and complementor attributes[J]. Long range planning, 2021, 54(5): 101987.

[12] ROCHET J C, TIROLE J. Platform competition in two-sided markets[J]. Journal of the european economic association, 2003, 1(4): 990-1029.

[13] RUEF M, SCOTT W R. A multidimensional model of organizational legitimacy: hospital survival in changing institutional environments[J]. Administrative science quarterly, 1998: 877-904.

[14] TAYLOR A, GREVE H R. Superman or the fantastic four? knowledge combination and experience in innovative teams[J]. Academy of management journal, 2006, 49(4): 723-740.

[15] THOMAS L W, AUTIO E, GANN D M. Architectural leverage: putting platforms in context[J]. Academy of management perspectives, 2014, 28(2): 198-219.

[16] WELLS J D, PARBOTEEAH V, VALACICH J S. Online impulse buying: understanding the interplay between consumer impulsiveness and website quality[J]. Journal of the association for information systems, 2011, 12(1): 3.

[17] WEYL E G. The price theory of two-sided markets[J]. American economic review, 2010, 100(4): 1642-72.

[18] ZHOU K Z, LI C B. How knowledge affects radical innovation: knowledge base, market knowledge acquisition, and internal knowledge sharing[J]. Strategic management journal, 2012, 33(9): 1090-1102.

[19] 魏江, 刘嘉玲, 刘洋. 新组织情境下创新战略理论新趋势和新问题［J］. 管理世界, 2021, 37（7）: 182-197.

[20] 肖红军. 共享价值、商业生态圈与企业竞争范式转变［J］. 改革, 2015（7）: 129-141.

ENTERPRISE
INNOVATION SYSTEM

第 5 章

企业创新生态系统治理

本章将探讨企业创新生态系统的治理机制。企业创新生态系统的出现不仅改变了生态系统内部的关系结构,也对治理机制提出了新的需求与挑战(刘洋等,2020)。企业创新生态系统中不同生态位上的节点企业功能不同、构成各异、形态多样,呈现出多元化的关系结构(孙聪、魏江,2019;魏江、赵雨菡,2021)。例如,焦点企业与互补企业、同行竞争者、供应链企业和客户之间可能是互补者关系、竞争者关系、供应链关系,或者是监管和被监管的关系。不同层次的关系相互嵌套、相互影响、相互协调、相互制约,共同实现企业创新生态系统的动态平衡。

在数字经济背景下,要利用数字技术推动创新发展,需实现数字技术与企业创新生态系统内关系与结构的融合。这种融合提升了治理的难度,也改变了企业创新生态系统内部的治理主体、治理模式和机制。由于企业创新生态系统的参与者角色有着很高的不确定性,无边界的创新活动和海量异质的虚拟主体参与,让创新主体交互协调存在困难,数字创新要素让数据资源的共享成为治理的焦点,这些新的挑战促使企业创新生态系统构建新的治理体系。

已有研究从多角度探讨了创新生态系统的治理体系。基于交易成本理论的治理机制主要关注生态系统协同创新过程中的机会主义行为(Sampson,2004)和道德风险(Hamel et al.,1989),提出从契约机制和控制机制的角度出发,设计生态系统的治理体系。基于知识基础观的治理机制,强调协同创新的优势在于促成知识传递,降低隐性知识沟通和理解的难度(Ordanini et al.,2011),因此,治理的关键是构筑共同的知识基础和组织原则,实现隐性知识或复杂知识的共享(Kogut and Zander,1992)。基于社会网络理论的治理机制,强调创新生态系统的形成不仅取决于交易成本,而且取决于通过网络获取互补性技术和其他资源(Freeman,1991),因此,治理的关键在于既需要契约等正式治理机制,也需要构筑社会文化、信任等非正式治理机制。

在数字经济背景下,企业创新生态系统在面临新的治理需求和治理困境时,要根据其多元化多层次的内在关系结构识别出相应的特征,进而选择和构建合适的治理模式与治理体系。本章将挖掘企业创新生态系统形成过程中的独特治理机制,探讨企业创新生态系统在新兴组织形态下的创新治理机制。

5.1　企业创新生态系统的治理困境

企业创新生态系统由于呈现创新要素数字化、创新主体虚拟化、创新过程动态化等特征，给生态系统治理带来全新挑战（魏江、赵雨菡，2021）。在典型的企业创新生态系统中，知识资产侵权等问题频出，比如生态系统参与者模仿核心企业品牌的外观设计、盗用其品牌商标等（Gawer and Cusumano，2002），不仅让权威部门诟病创新生态系统领导者治理失效，也让创新生态系统用户质疑，最终导致创新生态系统整体的创新收益减少，打击了主体的创新积极性。本节把企业创新生态系统的治理困境归纳为以下四个方面。

5.1.1　创新主体的协调难度

企业创新生态系统的特性让其治理体系更为复杂，创新活动的无边界和创新合作的虚拟化使得生态系统不同的创新主体之间难以协调。首先，由于数字技术的快速发展，企业创新活动不再局限于组织边界内，创新活动的参与者也可以来自不同的组织、行业和区域。无边界的参与者为创新生态系统带来创新活力，但也难以营造和培养共同文化与共同规范。由此，模仿和侵权成为创新生态系统中默认的现象，既无法形成知识资产治理规范，更难在侵权现象发生后开展追责。其次，创新合作虚拟化，在创新互动中合作方多在基于数字技术支撑下的虚拟场景中活动，因而难以识别参与者真实身份，难以在参与者之间建立稳定、长久的关系。由此，合作方之间缺乏共同的文化渲染，对知识资产认识和保护的态度会产生差异。而且，参与者一旦在线上产生侵权行为，难以确定侵权者的身份和进一步进行侵权追责。

因此，无边界的创新活动和海量异质的虚拟主体参与让创新主体交互协调存在困难。大量来自不同动机、不同组织、不同产业和不同区域的参与者涌现在企业创新生态系统中，在带来创新资源的多样性和异质性的同时，也带来远距离虚拟空间中的交互困难。比如，在线创新社区、线上生态系统等合作形式在数字创新过程中的广泛作用，能让企业一次性接触大量潜在的合作伙伴。但与此同时，原先建立在市场契约基础上的二元关系治理，难以满足海量异质且虚拟化主体的资源交互及利益协调需求。传统的交易规则被打破，迫切需要构建新型多边关系来促进参与者的价值共创。

5.1.2　创新知识的界定难度

创新知识难界定是指创新知识的所有者难以界定，主要由于创新生态系统参与者对申请知识资产所有权缺乏积极性，创新生态系统领导者对界定创新知识所有权缺乏动力和能力。

创新生态系统参与者之间密切和快速的合作方式让创新知识加速流动，其获取创新收益的方式是快速推出新产品或不断对已有产品进行迭代，而不是申请知识资产所有权；然而一旦被侵权后，维权成本高、维权时间长等问题都会让参与者怀疑申请知识产权是否有必要。对焦点企业而言，其对系统内创新知识资产的界定既缺乏动力也不具备相应能力。

第一，焦点企业构建创新生态系统是为了提供中介服务，为参与者提供更为便捷的创新和交易平台，其最终目的是获取网络效应，在创新生态系统竞争中获取优势。因此，在侵权和模仿行为尚未影响网络效应获取的前提下，焦点企业并没有动力去界定创新生态系统内的创新知识资产所有权。

第二，焦点企业也没有能力界定创新生态系统中的创新知识。创新知识涉及创新主体在创新过程中产生的各种专业、技术或营销等方面的知识，对知识所有者的界定不仅需要具有较强的专业水平，还需要一定的权威性。因此，创新生态系统的焦点企业仅是系统中介的提供者，其知识、技术和能力主要体现在对系统架构设计、系统实施稳定性的保障上，而对于创新生态系统的治理体系设计，则是一个现实的大难题。

5.1.3 创新过程的不确定性

企业创新生态系统的参与者有很高的不确定性（Oh et al., 2016；Adner，2017），参与者可以来自天南海北，不受区域位置、时间和组织边界的约束，通过生态系统的界面机制与合作者实现实时连接，极大提高生态系统的参与程度和创新活动的频率。同时，这种时空界限的突破也为系统构建者设置规则协调参与者关系，实现创新协同带来了新的挑战。由于生态系统边界的开放性和模糊性，参与者在生态系统内可能不知道合作对象的身份，也不知道自己的需求将会被什么人解决，他们的合作更多是在生态系统上通过一定的界面机制实现。这样的好处是能以较低成本更大范围地接触创新资源并创造创新价值，但由于合作方身份的模糊性，很难建立长期的稳定合作关系，不利于建立长期的协同创新效应。

同时，动态网状的主体间关系让创新过程面临更多的不确定性。多层次网状创新生态让创新行为不再遵循传统产业链中的线性顺序模式（Yoo et al.，2012）。系统内参与者之间的关系处在竞争与合作的模糊状态，如何激励参与者价值共创成为必须解决的现实问题。动态的连接关系强化了数字创新过程中的不确定性，并可能提升机会主义风险。当创新生态系统中各参与者之间的弱连带关系成为主流连接方式时，会弱化参与者的创新合作深度和广度，合作关系也更易破裂，创新持续性不足、创新路径不稳、创新投入产出的衡量缺失标准，会降低海量创新参与者的价值共创意愿。

5.1.4　创新收益获取的依赖性

创新收益获取依赖性来自企业创新生态系统的技术架构和生态系统中巨大的用户量。创新生态系统的基础用户量能够帮助生态系统内其他伙伴更快和更多地获取用户，以实现收益获取，从而更加依赖生态系统，进而吸引更多的参与者加入。但是，这存在以下两个方面的问题：一是大量的创新生态系统参与者的涌入使生态系统竞争加剧，机会主义者会在激烈的竞争中寻找机会，攫取创新者的市场份额；二是网络效应所带来的巨大用户量属于非同质性需求，反而会让创新生态系统中出现模仿行为或侵权行为，以满足部分用户低价买仿冒品的虚荣心；三是创新生态系统的技术架构支持了参与者创新收益的获取，不仅使参与者获取创新收益的方式更加便捷，而且也让其他参与者呈现在生态系统中的活动轨迹,但由此带来了知识资产治理的复杂性,既需要阻止创新生态系统参与者的侵权行为,又要满足用户多样化需求,因此需要有效的治理来保证。

正是以上原因,导致传统的交易成本经济学、社会网络理论、产业生态系统理论等在解决企业创新生态系统治理行为时可能会遇到障碍。

- 交易成本经济学的治理研究是建立在经济契约基础上的,通过正式承诺实现对创新参与者行为和成果的控制,但无法解决企业创新生态系统中,虚拟世界因契约不完备性、关系复杂动态性带来的挑战。
- 基于社会网络理论的治理研究,以信任作为核心治理机制,但企业创新生态系统中,弱连带为主的连接关系与广泛构建的多边关系,使得信任机制难以发挥作用,遏制了信任机制在创新治理中的作用与效果。
- 基于产业生态系统理论的治理研究关注创新生态系统领导者的战略行为与创新生态系统架构设计对参与者行为的影响。但企业创新生态系统中,海量的异质参与者跨界创新、创意碰撞行为、跨层动态连接,使得分工合作难以明确,阻碍创新生态系统架构治理的效力。

5.2 企业创新生态系统的治理体系

企业创新生态系统中成员企业"单打独斗"地采用传统的独占性

手段无法完全避免技术模仿、侵犯知识产权的行为（Davis，2004），如何更有效地开展企业创新生态系统治理，减少参与者模仿行为，增强参与者创新意愿成为企业创新生态系统治理必须解决的现实问题。第 5.2 节通过实际案例研究，打开了企业创新生态系统知识资产治理的黑箱，认为企业创新生态系统知识资产治理以合法性机制为主，独占性机制为辅。

5.2.1　基于独占性的治理体系

1. 独占性与知识资产治理困境

当前对独占性的治理研究主要基于独占性机制、隔离机制和创新获益机制（profiting from innovation，PFI）三个视角展开：

（1）基于独占性机制的治理研究，大多从外部机制出发，重点探讨知识产权制度对创新激励和技术发展作用的有效性，探索知识产权体制对技术和社会发展的正反面影响（李拓宇等，2020），如专利（Mazzoleni and Nelson，1998）、商标（Landes and Posner，1987）、版权、商业秘密（Cohen 等，2000）等外生法律保护机制如何在特定行业或具体情境下保护企业创新不被竞争者模仿（Hurmelinna，Laukkanen and Puumalainen，2007）。

（2）基于隔离机制的治理研究，从资源性质出发，研究阻止模仿的经济力量，包括消费者和生产者学习、因果模糊性、独特资源、专门化资产、嵌入团队的技能、产权等。

（3）基于创新获益机制的治理研究，与独占性体制关注外部环境、隔离机制关注异质性资源所形成的模仿障碍不同，它更加强调企业保护和独占创新回报的行为与能力，包括产权保护、技术秘密、时间领先、持续创新、人力资源管理等，并发现这些独占性机制的有效性受到规模、知识性质和产业技术特性等诸多因素的影响（Neuhausler，2012）。

传统知识资产治理逻辑是以建立创新成果（知识资产）的独占性为原则，这种治理机制建立在隔离机制的基础上，相关研究大多在宏观体制和微观企业层面展开，基于"个体创新"或"封闭式"技术创新范式。治理手段主要是利用知识资产本身的特质或属性（产品、过程、缄默性和被编码等）及制度手段（专利、商标、版权等）（李拓宇等，2020）。

随着生态系统研究的不断深入，学者发现创新生态系统内各类参与者的难协调性和高频流动性，使得传统的独占性机制无法有效避免技术模仿、侵犯知识产权等行为（Davis，2004），主要体现在以下五个方面：

- 知识资产的专有性、成员企业的有限理性和临近交易的高频性，会加剧模仿、侵权等机会主义行为的发生。在创新生态系统情境下，基于知识产权法律契约的治理模式的防范成本会更大。
- 法律的普适性特征要求法律规制制度安排对于所有产业的知识资产治理无差异（Mazzoleni and Nelson，1998），这就忽视了不同产业知识结构、知识隐性等知识资产特征所带来的知识资产治理方式的不同（Andersen，2004），导致传统知识产权法律的效力在不同产业中存在较大差异。

- 知识产权存在诉讼费用高、立案周期长、搜证难度大等问题（Fauchart and Von Hippel，2008），难以有效应对迅速变化的市场需求和不断缩短的产品生命周期等情况（Levin，1986），难以保证知识资产专有性。
- 知识产权法律的设立并不能保证所有人会遵守（Agarwal et al.，2009），尤其是国内大多数企业知识产权意识还相对薄弱，企业对知识资产的独占性效果也就大打折扣（Martinez-Piva，2009）。
- 由于非正式集体学习的存在，导致企业知识、技能的快速溢出，而溢出的知识、技能绝大部分以不可编码的知识资产形态存在，难以形成正式知识产权，进而导致企业知识资产治理问题在创新生态系统层面与微观层面有很大的不同。

为解决上述问题，有研究基于正式契约，讨论私人协议（契约）在满足产权所有者专有性、排他性需求时的作用机理（Dixit，2009），例如，竞业禁止协议、保密协议、不竞争协议等均成为知识产权法律制度安排的重要补充（Hertzfeld et al.，2006），共同构成创新主体知识资产治理的外部制度安排。也有研究基于非正式契约，如通过信任（Bernstein，2016）、第三方（Howells，2006）、行业规范（Fauchart and Von Hippel，2008）、声誉机制（Von Hippel，2007）等协调和管制系统内的活动，抑制成员企业占用其他成员的知识资产和创新成果等机会主义行为。综上，知识资产治理主体不仅是企业本身，还可以是创新生态系统内的其他参与者，例如上下游企业、第三方机构等。而知识资产治理体系不仅包括正式司法制度，还包括一系列具有场域特征的正式制度安排、非正式制度安排。

2. 创新生态系统情境下的独占性治理机制

生态系统创新存在"创新窘境"。一方面，当焦点企业采用生态创新战略时，外部合作伙伴为焦点企业提供了异质性的创新资源，生态系统内存在资源约束的其他参与者也能通过共享资源克服创新时"规模小的劣势"；另一方面，生态系统创新意味着需要披露创新知识，保护企业有价值的技术诀窍，保证企业从创新中获益成为开放创新的难点（Laursen and Salter，2014），特别是对于存在资源约束的生态系统参与者（Freel and Robson，2016）。独占性机制对创新生态系统的影响可以从两方面分析：一是独占性机制对生态系统创新战略的选择；二是生态系统创新过程中独占性机制的重要作用。

独占性机制对生态系统创新战略的影响主要是选择内向型开放创新（inbound open innovation）还是耦合型开放创新（couple open innovation），或者说两者如何平衡。对于知识主要来自市场、第三方机构和其他方面的嵌入式开放创新，其开放创新程度与焦点企业采用独占性机制的范围之间存在较为复杂的关系。生态系统外部知识源越广、组织间合作关系越多，其独占性机制使用范围越广。但当达到这一阈值后，生态系统的创新程度和独占性机制的使用范围呈现负相关。学者发现，除了专利以外的正式独占性机制，如外观设计、版权等，对生态系统创新程度均有积极的影响，非正式的独占性机制，如商业秘密、技术负责性、领先时间等也有同样的效应（Huang et al.，

2014）。企业独占性策略对企业外部创新知识搜寻的广度和创新合作伙伴类型的广度之间同样也存在非线性关系，当二者在相互促进达到一定阈值后，独占性机制的使用会降低生态系统创新的程度。

在生态系统创新情境中，对独占性机制的讨论呈现出多视角的观点。有学者从创新产出类型和企业知识管理策略展开讨论（Cammarano et al.，2017；Laursen and Salter，2014）。例如，开源操作系统 Linux 放弃了自身部分知识产权，但获得了更多的创新收益。原因在于，软件产业的生态系统创新中，有选择地放弃一些知识产权有利于其业务开展，而客户需求拉动是最初放弃知识产权的触发器，随后的积极反馈导致选择性披露知识产权行为的进一步增加。最终，在软件产业的生态系统情境中，开放性成为市场竞争的一个新维度（Henkel et al.，2014）。

学者还从强调独占性机制在生态系统创新中的重要作用展开讨论。Manzini 等人（2015）指出在整个创新过程中，各种知识产权可以发挥不同作用，并强调专利在组织间技术战略控制和管理中的作用。在创新产生阶段，有效的独占性机制涉及保密协议、谅解备忘录、版权和文档管理；在产业设计阶段，设计、保密协议、专利和文档管理发挥作用；在工程设计阶段，专利、保密协议和谅解备忘录有效；在产业化阶段保密协议和专利有效；在大规模生产和商业化阶段专利和保密协议有效。我们的研究团队在调研过程中发现，有两种基于独占性视角的治理机制。

（1）基于内部隔离的治理机制。内部隔离的目的是建立知识模仿的障碍。"内部隔离"是通过增加创新生态系统内部知识资产对竞争对手的"不可见性",降低知识资产的开放性和流动性,建立起知识资产的模仿障碍,实现企业知识资产与竞争对手"隔离"。这是以"保密""技术手段""人资管理"为代表的企业内部隔离知识资产的独占行为。除少数企业,绝大部分企业均有规定的知识库访问权限或相关保密制度,与员工签订的合同中均涉及保密条款,而对于企业的核心知识资产(如底层数据、工具算法等),更是受到严格限制与保密,仅少数人拥有访问或使用的权限。

我们发现内部隔离对于阻止模仿有积极作用。企业与员工、客户以及授权人签订严格的保密合同和竞业协议,违约会直接影响到他们的"职业生涯"。同时,企业也会采取一些技术手段对知识资产进行结构化的内部隔离。例如,开发一些专属算法、管理咨询工具等,也可以借助数字技术达到企业核心知识资产与运作系统、用户界面分离的效果,削弱企业核心知识资产从运作过程或客户渠道流出企业的可能性。此外,也有企业通过传统的保密制度辅助内部隔离的实施,例如,被调研企业的信息系统会自动监控资料下载的情况,如出现"大量恶意下载公司资料的行为时,系统会提醒信息部门相关人员注意并发出警告"。这些手段的实施对于阻止模仿有一定的积极作用,从而促进整个生态系统的创新。

(2)基于产权保护的治理机制。知识产权保护制度作为一种正式契约(Veer et al.,2016),是国家以制度形式约束知识资产创新者与其他利益相关者之间创新生产、交易等活动的特殊契约(Gallie and Legros,2012;Laursen and Salter,2014;Veer et al.,2016)。一方面,产权保护提高了企业知识资产的"溢出"门槛。另一方面,产权保护明确对模仿侵权行为的规制惩罚。对于已侵权企业，可以使用诉讼来处罚侵权企业并获取经济赔偿（Veer et al.，2016），保护其创新竞争优势免于模仿（Czamitzki and Hussinger，2015），抑制创新生态系统情境下企业生产、创新互动过程中机会主义的可能性，减少模仿行为，使创新生态系统内各参与者更好地参与生产与创新。

在创新生态系统情境下，基于产权保护的研究与实践受到越来越多的关注。产权保护机制正是创新生态系统内各企业借助国家知识产权法律对知识资产治理制度边界的明确，依托司法行政部门对侵权行为的惩罚，在一定程度上强化创新生态系统各企业所感知的创新合法性压力。知识产权法律对创新生态系统内特定知识资产的保护条款越明确，创新生态系统内所感知的创新合法性压力就越高，赋予创新生态系统内知识资产所有者的合法性就越强。然而，知识产权法律难以及时授予企业知识产权证明、明确知识资产的权属，因此，企业创新生态系统不仅要考虑基于独占性视角的治理体系，也要根据创新生态系统的结构特征制定更为契合的治理体系。

5.2.2 基于合法性的治理体系

1. 合法性视角为企业创新生态系统治理提供新视角

合法性是企业获得资源得以生存和发展的方式（Suchman，1995；Bitektine，2011），独占性是企业通过独占创新知识和创新收益获得发展（Teece，1998，2018），二者在理论逻辑上具有一致性。合法性是较独占性更为宏观的理论范畴，能解释在新兴情境中的知识资产治理实践。在创新生态情境中，数字技术的支撑让创新资源获取、创新收益获得更加便捷快速，降低知识溢出的成本，因此，独占性机制在创新生态系统中难以发挥有效作用。

知识资产治理主体不仅是焦点企业本身，还可以是上下游企业、第三方机构等，而知识资产治理体系不仅包括正式司法制度，还包括一系列具有场域特征的正式、非正式制度安排。制度理论认为合法性是连接组织行为和环境的桥梁（Suddaby and Greenwood，2005），内嵌于特定制度场域，企业行为会受到合法性压力的塑造和影响（Kostova and Zaheer，1999），只有适应来自管制机构的强制压力、来自专业化过程的规范压力以及来自不确定环境的模仿压力，采纳与制度场域相容的组织行为与结构特征，才能生存下来（Cao et al.，2014）。因此，可以采用合法性视角重新审视创新生态系统知识资产治理问题。创新生态系统知识资产治理对合法性理论研究提出了以下三个方面的挑战。

第一，在创新生态系统知识资产治理中，焦点企业如何获得合法性？合法性来自合法性受众的判断，在创新生态系统的知识资产治理中，合法性判断的受众是谁？已有研究在讨论合法性受众时，更多地讨论个体合法性，对多受众的讨论仅仅停留在理论层面，因此，有必要区分出创新生态系统知识资产治理中获取合法性的受众。对焦点企业而言，其合法性受众不仅有互补企业，还有生态系统内的其他参与者，因此需要采取差异化的合法性获取机制。

第二，已有研究认为组织合法性获取过程中面临的合法性受众要么是"积极的"，要么是"消极的"，将受众作为一个二元对立体，非此即彼。"积极的"或"消极的"合法性受众在组织环境中既可以采用遵从和选择的合法化策略，也可以采用操控和创造的合法化策略（Zimmerman and Zeitz，2002）。二元逻辑并不意味着没有或不存在混合逻辑，只是在已有的研究中将问题简单化后才能展开深入分析。但随着研究的深入和研究情境的复杂化，非此即彼的分析视角已不能满足理论的发展和实践的演化。在创新生态系统情境中，知识资产治理更加需要从案例中涌现对合法性受众的理解和分类，这样才更能完整地定义该情境中的合法性受众。

第三，如何让组织获取合法性？是同构还是操纵？谁同构，谁操纵？在已有的研究中众多的论述都聚焦于合法性获得者，在创新生态系统情境中，需要再次关注谁同构，谁操纵（谁在采用合法化策略，是同构还是操纵）？怎么同构？怎么操纵（采用什么样的合法化策略，怎么使用）？

2. 合法性治理机制

本章将合法性理论引入知识资产治理机制中，拓展从创新中获益的理论边界。通过识别三种治理机制来展现创新生态系统知识资产治理的独特性。

（1）构建公众集体意义的治理机制，是创新生态系统领导者向公众表达知识资产治理的集体意义，让公众对创新生态系统参与者是否模仿，是否侵权的具体内涵有新的认识。创新生态系统领导者通过构建公众集体意义，让公众对创新生态系统参与者具有正面评价。本研究结合具体的案例发现，该机制包含以下三个合法化策略：

一是采用叙述方式表明知识资产治理意义。创新生态系统的领导企业通过对外发言将对侵权行为的治理与更为普遍的现象相联系，通过语言叙述把核心问题抽象成更普遍的问题，目的是使围绕在创新生态系统内外的公众构成对这一问题的集体意义。创新生态系统领导企业同公众交流知识资产治理的意义，促使公众对创新生态系统参与者的合法性给予客观判断。

二是采用转化策略改变知识资产治理内涵。创新生态系统领导企业应用文字或公开言论，讨论对知识产权侵权行为等已存的认知或规范的适用性，实现治理知识产权侵权已有内涵的改变或拓展，转变公众对创新生态系统参与者某些侵权行为的看法，让创新生态系统参与者获取合法性。这类话语将已有的规范（对权利人的保护）转化为对创新生态系统参与者的保护，拓展了规范的内涵，扭转了公众对创新生态系统参与者的印象。

三是采用叙述方式建立知识资产治理组织身份。创新生态系统领导企业对外宣传知识资产治理的组织身份，把自身存在的意义、在知识资产治理活动中扮演的角色，通过语言传至公众，构建叙述的前后逻辑关系，形成创新生态系统领导者组织身份的"故事链"。随着创新生态系统领导者知识资产治理组织身份的建立，促使公众认可其对创新生态系统参与者的知识资产治理，加强公众对创新生态系统参与者的正面判断。

（2）建立协调创新生态系统冲突矛盾的治理机制，是创新生态系统领导者联合用户、权威部门等参与者，在信息、规范、行动和技术层面开展的治理实践，解决创新生态系统内存在的各种问题，让创新生态系统领导者联合知识资产治理利益相关者对创新生态系统参与者产生正面评价，赋予创新生态系统参与者合法性。我们通过具体的案例发现该机制有四个合法化策略：

一是建立知识资产治理信息沟通渠道。创新生态系统领导者与知识资产治理利益相关者就知识资产治理提出基于信息沟通的实践方案，将新方案作为创新生态系统知识资产治理存在问题的解决方案，促使知识资产治理利益相关者对创新生态系统参与者产生正面评价。例如，工商局、知识产权管理机构、各地公安局与淘宝共享信用数据，将有售假记录的企业拒绝在创新生态系统网络外。

二是协助制定知识资产治理行为规范。创新生态系统领导企业与知识资产治理利益相关者提出基于规范的治理实践，通过协助创新生态系统参与者、权威部门和权利人制定规范，将新实践（协助制定知识资产治理行为规范）抽象化为矛盾或冲突（信息不对称、委托代理带来的不信任）的规范解决方案，让创新生态系统参与者、权威部门和权利人对创新生态系统参与者有正面判断。例如，京东与国家市场监督管理总局签订的关于知识产权的合作协议，阿里巴巴和浙江省知识产权局共同出台的电子商务专利保护的指导意见等。

三是协同开展知识资产治理行动。创新生态系统的领导企业与知识资产治理的利益相关者共同开展行动，解决权力缺失和治理责任不对称等问题，赋予第三方检测部门、权威部门、权利人等创新生态系统参与者合法性。此合法化策略体现在通过物质性资源的改变（共同的行动）实现知识资产治理。比如京东、淘宝与第三方抽检机构合作，配合创新生态系统领导者对商品真伪进行鉴定。京东、阿里巴巴与各地工商部门、公安部门互相配合，共同行动，实现在权威部门的合作下对侵权者给予实地打击。在协同开展知识资产治理行动合法化策略中，创新生态系统领导者利用各种利益相关者资源，减弱了权利和责任不对等现象，弥补创新生态系统领导者对创新生态系统参与者或权利人知识资产知识的缺失，防止参与者的侵权行为。

四是建立知识资产治理技术联系。创新生态系统领导企业与利益相关者制订知识资产治理技术层面的解决方案，是实现信息互通，协同开展行动和实现行为规范的技术支撑，用更加客观和便捷的手段解决知识资产治理信息不对称和代理问题，确保权威部门、权利人和创新生态系统参与者的合法性判断。例如淘宝同国家市场监督管理总局国家认证信息中心建立"云桥"数据互通，腾讯应用宝采用"唯一"搜索等大数据搜索方式，提供与用户信息链接的技术支撑等。

（3）建立基于新型身份的治理机制，是创新生态系统领导企业通过加入治理联盟，协助产业集群发展升级，在同行间建立新型身份，让同行和产业集群对创新生态系统参与者给予正面肯定，赋予创新生态系统参与者合法性。案例中涌现出以下三类合法化策略。

一是建立面向同行的新型身份。创新生态系统领导者与同行建立知识资产治理联盟，通过共同申明表明创新生态系统作为一种新的组织形式，在知识产权保护方面的新身份，向公众表明创新生态系统知识资产治理态度，更强调在联盟内的创新生态系统对知识产权保护的身份，让创新生态系统参与者区别于抄袭者和模仿者，促使联盟内的组织认可网络内的创新生态系统参与者，赋予创新生态系统参与者合法性。比如阿里巴巴、腾讯等 20 家中国互联网公司就共享信息、联防联打假冒产品等欺诈行为发表宣言，腾讯和其他视频网站就维护互联网知识产权的良好秩序成立联盟，促使联盟成员自律。

二是建立面向权威治理联盟的新型身份。创新生态系统领导者加入权威治理联盟中，将权威治理联盟的身份转移到自我身份上，从而让创新生态系统参与者获得合法性。如阿里巴巴加入国际反假联盟，同英中贸易协会和商业软件联盟签订谅解备忘录。腾讯与英中贸易协会、在华国际出版商版权保护联盟共同签署知识产权保护合作备忘录等，均是通过加入权威治理联盟或与权威治理联盟共同协商，将创新生态系统作为权威治理的一部分或与权威治理联盟产生联系，促使身份的转移，让权威治理联盟认可创新生态系统参与者。

三是构建面向产业集群的新型身份。创新生态系统领导者在有可能产生侵权行为的参与者中，协调各种资源帮助内部企业实现正品化或品牌化的过程，以此达到同其他创新生态系统相区别的目的，构建新型知识资产治理身份，让参与其中的创新生态系统参与者具有合法性。"中国质造"产业带的地方政府在阿里巴巴的流量鼓励下，联合各品质检测部门对创新生态系统中优秀企业进行评定和政策扶持，鼓励企业转型升级，从代工模式向品牌模式转变，不仅是自身知识资产治理身份的重塑，同时也赋予了各参与者合法性。

5.3　企业创新生态系统的知识资产治理

知识资产是保证企业可持续创新能力的核心资产，其形式和内涵都在不断地丰富和扩展。已有研究对知识资产内涵的界定从企业内部拥有的知识资产逐渐延伸至企业与外部合作过程中产生的知识资产，将能为企业创造价值和提升竞争优势的所有知识都纳入企业知识资产的范畴中（Gulati et al.，2012）。第 5.3 节结合阿里巴巴的案例，从知识资产治理的制度创造、制度再造以及制度维持三个阶段进一步阐述企业创新生态系统如何在数字经济背景下设计知识产权治理制度（魏江等，2019）。通过对阿里巴巴在知识资产治理过程中的具体行为以及行为主体的系统分析，进一步挖掘了知识资产治理制度的构建过程。图 5-1 展现了知识资产治理制度变迁模型中的制度工作行为主体、合法化策略、合法性和制度工作。

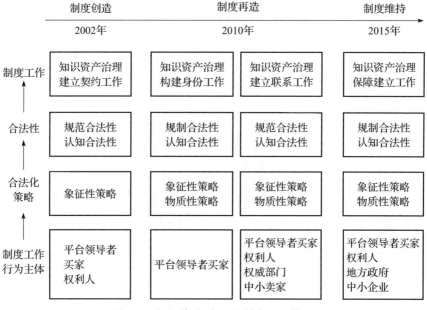

图 5-1　知识资产治理的制度变迁模型

5.3.1　知识资产治理的制度创造

知识资产治理的制度创造包括知识资产治理契约建立工作。1999

年,阿里巴巴在 B2B 电子商务生态系统的交易过程中,针对生态系统内商品欺诈和产品侵权等问题推行"诚信通"服务,并在 2002 年全面实施。此阶段,案例展现出知识资产治理契约建立的制度工作,分为制定知识资产治理契约条例和建立知识资产治理关系规范。

1. 制定知识资产治理契约条例

在创建初期,阿里巴巴的知识资产治理行动体现在规范的建立上,即向进入生态系统的卖家确认生态系统上关于知识产权保护的规章细则,强制生态系统内的卖家与创新生态系统的领导者签订一系列协议。卖家进入生态系统后,一旦出现知识资产侵权行为,创新生态系统的领导者有权按照相应惩罚条例进行处置。此类知识资产治理行为是通过构建系统规则(生态系统入驻规则)、授予卖家身份或地位(生态系统卖家的类型)、规定成员边界(不能有知识产权侵权行为)、建立创新生态系统领导者在一定场域内的身份地位并以双方相互签订契约的形式来体现的。系统规则构建、身份地位建立和成员边界规定等行动都是创新生态系统领导者在治理中所发挥的主导作用的体现,治理对象为卖家和权利人的知识资产。因此,遵循制度创造的逻辑,将此类知识资产治理行动命名为制定知识资产治理契约条例。

2. 建立知识资产治理关系规范

创新生态系统领导者发挥电子商务线上优势,对卖家采取多重线上治理行动,比如淘宝生态系统的卖家与买家互评机制和 B2B 市场的"诚信通"等。此类治理行动依然是系统规则的构建,但买家、卖家互评建立在双方自愿评价的基础上，且评价内容涉及创新生态系统领导者事先设定的评价条例。相对于上一种具有强制性含义的治理行动，此类治理行动的基础是关系搭建，即买家、卖家、权利人之间的关系。因此，将此类治理行动命名为建立知识资产治理关系规范。在此制度工作中，行动主体除了创新生态系统领导者外，还包含生态系统的买家和权利人，治理对象是卖家及权利人的知识资产。

此阶段的"规范合法性"和"认知合法性"来自对网络效应的追求。建立知识资产治理的契约条例和关系规范是创新生态系统领导者通过卖家强制性遵从和可选择性遵从的正式机制来实现的，创新生态系统领导者通过正式制度进行知识资产治理。基于合法性理论，卖家与创新生态系统领导者签订符合国家法律法规中相关知识产权保护规范的协议，仅是象征性层面的"规范合法性"。建立买家和卖家关系指的是在知识资产治理组织场域内，双方具有共同的认知。在此阶段使用象征性合法化策略源于创新生态系统领导者对网络效应的追求。在数字经济背景下的生态系统竞争中，创新生态系统领导者会采取多种方式吸引更多的卖家或买家进入生态系统以获得"赢者通吃"的竞争优势，因此，对生态系统中出现的侵权行为的默认或容忍，是为了在发展初期获取竞争优势。

制度创造阶段是知识资产治理有序和无序共生的阶段。有序是指创新生态系统领导者开展知识资产治理行动的目的是追求网络效应，行动目标是快速提高用户数量。无序是指生态系统侵权现象频出，创新生态系统领导者未能有效控制侵权现象。因此，创新生态系统领导者对网络效应的追求与创新生态系统领导者建立知识资产治理制度之间并不统一。2009～2010年，涌现出一些对阿里巴巴旗下的淘宝网和B2B生态系统售假和欺诈行为的质疑声，这些质疑声认为创新生态系统领导者所构建的知识资产治理机制是"卖假货的潜规则"。

5.3.2 知识资产治理的制度再造

因上一阶段知识资产治理有序和无序共生，阿里巴巴进行了知识资产治理制度的再造。此阶段的工作分为知识资产治理构建身份和知识资产治理建立联系的制度工作。

1. 知识资产治理构建身份

知识资产治理构建身份的制度工作包括两类行动：第一，重构知识资产治理形象包含清除组织内的侵权行为、调整知识资产管理模式和设立知识资产治理部门等行动。针对知识资产治理困境，创新生态系统领导者可以惩罚参与者的欺诈行为，清除内部相关员工并给予相关管理人员处分，改变了B2B的收入分配模式；或者提高卖家入驻门槛，保证对权利人知识资产的保护；同时成立廉政部，加强内部知识资产治理。此类行动表现了创新生态系统领导者对组织内部资源的再规划和再配置，期望通过资源的再分配重构组织内外的形象。因此，此类治理行动被称为重构知识资产治理形象。治理主体是创新生态系统领导者，治理对象为生态系统内外的知识资产。第二，加强知识资产保护组织文化建设。此类行动从文化方面强调组织对知识资产的保护，让成员感知组织角色和身份。企业的社会责任不限于公司自身，而是需要全体成员一起参与整个商业环境中的欺诈行为治理。

在此过程中，阿里巴巴呈现出重构知识资产治理的形象，并加强知识资产保护的组织文化建设，体现出其通过内部机制的重构、治理形象的重塑、组织文化的再建而实现组织核心的特性，建立知识资产治理的身份。虽然此时知识资产的治理对象是组织内成员、结构和文化，但创新生态系统领导者可以通过对自身的治理而实现对生态系统的治理。因此，此类行动被称为知识资产治理构建身份的制度工作。制度工作的行为主体是创新生态系统领导者，通过对组织内资源的再配置以及组织文化的再建，以实现制度再造。

从合法性理论的角度出发，创新生态系统领导者的这一制度工作在知识资产治理组织场域内构建了规制合法性和认知合法性。规制合法性来自对国家法律法规的遵守（象征性策略），对欺诈行为和售假行为的处理（物质性策略），让组织场域内的行为主体受到来自管制机构的强制同构力。认知合法性来自创新生态系统领导者的身份创建，创新生态系统领导者通过行为者与场域关系的再构建，建立组织场域中组织成员所感知的，特别是卖家所认同的创新生态系统领导者的新身份（象征性策略），让卖家感受到来自新身份的模仿同构压力。

2. 知识资产治理建立联系

知识资产治理建立联系的制度工作包含两类行动：

第一，改变知识资产治理规范联系方式。该行动主要采用数据、信息和技术对生态系统内侵权行为进行防范或打击。知识资产的治理变为创新生态系统领导者通过数据、信息、技术进行跟踪查找，最终找到侵权人，再进一步联合权威部门共同处罚。知识资产治理主体之间的联系涉及更加客观且可跟踪的数据、信息和技术。此类治理行动不仅不会对现有的独占性机制产生挑战，而且能补充已有制度。根据制度创造的逻辑，此类行动采用技术改变了以往规范之间的连接关系。因此，这被称为改变知识资产治理规范联系方式。此时，生态系统内的知识资产作为治理对象，作为行动主体的创新生态系统领导者将自身资源加入治理行为中，重构知识资产治理行动，实现知识资产治理制度的再创造。

第二，构建知识资产治理规范网络关系。此类行动构建权利人、权威部门和中小卖家之间的联系，并开展知识资产治理。阿里巴巴与高丝、飞利浦和嘉娜宝等各大品牌就知识产权问题进行磋商，与知识产权部门、公安部门进行维权活动，与中小卖家建立知识产权治理的联盟体系等。此类行动是组织与组织之间的联系和互动，通过共同的实践达成对知识资产治理规范的认可，凝聚成一个一致的、持久的制度结构。因此，这被称为构建知识资产治理规范网络关系。改变治理规范联系方式和构建治理规范网络关系是应用数据、技术在生态系统内实现联系方式的改变，通过与场域外的行动主体共同行动，建立关系和信任，实现知识资产治理，因此，此类治理行动被称为建立联系的制度工作。

基于合法性理论的视角，知识资产治理建立联系的制度工作在知识资产治理组织场域构建了规范和认知合法性。在改变知识资产治理规范联系方式的工作中，将数据、信息和技术应用到知识资产治理中，改变场域与规范之间的联系方式（物质性策略），形成符合行业技术标准或行业行为规范的知识资产治理组织场域，让组织场域内的成员获取规范合法性。在构建知识资产治理规范网络关系中，制度工作行动主体权利人、权威部门、中小卖家开展共同行动（物质策略），形成共同遵守的规范（象征性策略），让知识资产治理组织场域内的成员获得认知合法性。区别于制度创造阶段的合法性，创新生态系统领导者与各类制度工作行动主体既通过物质资源再配置，也通过象征性策略构建组织场域内的规范同构力和模仿同构力。

阿里巴巴的制度再造阶段并没有推翻制度创造阶段中的制度工作，而是在原有的基础上推进了新制度工作。阿里巴巴在2015年与国家工商总局共同开展了针对生态系统正品率的调查，又将知识资产治理推向新阶段。

5.3.3 知识资产治理的制度维持

知识资产治理制度维持是创新生态系统领导者对已建立的知识资产治理制度展开实践，并向更大的范围推广。此阶段的关键事件是权威媒体对阿里巴巴知识资产治理的再一次公开质询。此阶段的知识资产治理保障激励工作主要有以下三个部分：一是再构建知识资产治理资源分配政策，二是联系已有知识资产治理行动主体，三是再造知识资产治理角色。

1. 再构建知识资产治理资源分配政策

自2015年开始，阿里巴巴引导存在侵权行为可能的企业建立自己的品牌，在淘宝上开辟专项频道对其进行推荐和提供流量资源，并在线下为此类企业提供上市、融资等信誉背书，发布"权利人共建生态系统"等，对生态系统内的资源进行控制和再分配，使遵守知识资产制度的主体能够获得更多资源，从而保证了该制度的延续，让知识资产治理制度形成惯性（Gawer，2015）。创新生态系统领导者在此类治理行动中完善已有制度，并通过转移资源、创建新角色将制度扩散到更大的地理范围内以实现制度维持。创新生态系统领导者、权利人在治理中发挥主导作用。

2. 联系已有知识资产治理行动主体

2015年，阿里巴巴联合多方知识资产治理主体共同对"中国质造"生态系统上的商家进行信誉背书。进入"中国质造"的自主品牌，必须通过地方质检的抽检，由工商部门确认其外观设计等无侵权行为，再由地方政府主动推荐。此类联合行动的主体是创新生态系统领导者和地方政府。

3. 再造知识资产治理角色

创新生态系统领导者在多种场合公开发表宣讲或演说，将其对知识资产治理的行为进行类比和深化，将治理角色进行拓展和升华，通过加强制度的规范基础实现制度维持。阿里巴巴通过讲故事、灌输思想甚至以教育的方式来提升其在知识资产治理方面的高度，加强知识资产治理的规范基础。同时，创新生态系统领导者致力于"做全球打假领导者"。在此类治理行动中，创新生态系统领导者开展长期的组织实践，积极灌输知识资产治理规范基础，维持和再生产知识资产治理制度。

以上三类治理行动在更大的范围内扩大了知识资产治理的影响，通过资源再分配、网络拓展、再造治理角色来保障知识资产治理制度的执行。基于合法性理论，知识资产治理保障激励工作所建立的知识资产治理组织场域更加广阔，建立了具有规制合法性和认知合法性的组织场域，制度工作的行动主体从生态系统延伸至尚未加入生态系统的中小企业和地方政府。并且，通过创新生态系统领导者资源的再分配，地方政府和中小企业的加入，能够实现知识资产治理（物质性策略），形成组织场域中各行为主体对生态系统市场知识资产治理的共同认知，组织场域中的强制同构力和模仿同构力让场域内成员获得规制合法性和认知合法性，实现知识资产治理的制度维持。

综上，本章分析了企业创新生态系统的功能体系和行为模式，探讨了企业创新生态系统的治理机制，结合阿里巴巴的具体案例，探讨了企业创新生态系统在治理主体异质性、治理范围跨边界、网络形态多样性、治理关系复杂性的新兴组织形态下的创新治理机制。由于创新要素数字化、创新主体虚拟化、创新过程动态化等特征，企业创新生态系统的焦点企业与各参与者在价值共创和获取的过程中，会面临创新主体难协调、创新知识难界定、创新过程不确定、创新收益高依赖的治理挑战。为此，本章通过企业案例研究，打开了企业创新生态系统知识资产治理的黑箱，认为企业创新生态系统知识资产治理以合法性机制为主，独占性机制为辅；挖掘了知识资产治理制度的构建过程，从知识资产治理的制度创造、制度再造以及制度维持三个阶段阐述了数字经济背景下企业创新生态系统的知识产权治理制度。

参考文献

［1］ ADNER R. Ecosystem as structure: an actionable construct for strategy[J]. Journal of management, 2017,43(1), 39-58.

［2］ AGARWAL R, GANCO M, ZIEDONIS R H. Reputations for toughness in patent enforcement: implications for knowledge spillovers via inventor mobility[J]. Strategic management journal, 2009,30(13), 1349-1374.

［3］ ANDERSEN B. If 'intellectual property rights' is the answer, what is the question? revisiting the patent controversies[J]. Economics of innovation and new technology, 2004,13(5), 417-442.

［4］ BERNSTEIN L. Beyond relational contracts: social capital and network governance in procurement contracts[J]. Journal of legal analysis, 2015, 7(2): 561-621.

［5］ BITEKTINE A. Toward a theory of social judgments of organizations: the case of legitimacy, reputation, and status[J]. Academy of management review, 2011, 36(1): 151-179.

［6］ CAMMARANO A, CAPUTO M, LAMBERTI E, et al. Open innovation and intellectual property: a knowledge-based approach[J]. Management decision, 2017, 55(6):1182-1208.

［7］ CAO D, LI H, WANG G. Impacts of isomorphic pressures on BIM adoption in construction projects[J]. Journal of construction engineering and management, 2014, 140(12): 04014056.

［8］ CZARNITZKI D, HUSSINGER K, SCHNEIDER C. R&D collaboration with uncertain intellectual property rights[J]. Review of industrial organization,

2015, 46(2): 183-204.

[9] DAVIS L. Intellectual property rights, strategy and policy[J]. Economics of innovation and new technology, 2004, 13(5): 399-415.

[10] DIXIT A. Governance institutions and economic activity[J]. American economic review, 2009, 99(1): 5-24.

[11] FAUCHART E, VON HIPPEL E. Norms-based intellectual property systems: the case of French chefs[J]. Organization science, 2008, 19(2): 187-201.

[12] FREEL M, ROBSON P J. Appropriation strategies and open innovation in SMEs[J]. International small business journal, 2017, 35(5): 578-596.

[13] FREEMAN C. Networks of innovators: a synthesis of research issues[J]. Research policy, 1991, 20(5): 499-514.

[14] GALLIÉ E P, LEGROS D. French firms' strategies for protecting their intellectual property[J]. Research policy, 2012, 41(4): 780-794.

[15] GAWER A. What drives shifts in platform boundaries? an organizational perspective[C]//Briarcliff Manor. Academy of management proceedings. New York: Academy of management, 2015, 2015(1): 137-165.

[16] GAWER A, CUSUMANO M A. Platform leaders[J]. MIT Sloan management review, 2015: 68-75.

[17] OH D S, PHILLIPS F, PARK S, et al. Innovation ecosystems: a critical examination[J]. Technovation, 2016, 54: 1-6.

[18] GULATI R, SYTCH M, TATARYNOWICZ A. The rise and fall of small worlds: exploring the dynamics of social structure[J]. Organization science, 2012, 23(2): 449-471.

[19] HENKEL J, SCHÖBERL S, ALEXY O. The emergence of openness: how and why firms adopt selective revealing in open innovation[J]. Research policy, 2014, 43(5): 879-890.

[20] HENTTONEN K, HURMELINNA P, RITALA P. Managing the appropriability of R&D collaboration[J]. R&D management, 2016, 46(S1): 145-158.

[21] HERTZFELD H R, LINK A N, VONORTAS N S. Intellectual property

protection mechanisms in research partnerships[J]. Research policy, 2006, 35(6): 825-838.

[22] HOWELLS J. Intermediation and the role of intermediaries in innovation[J]. Research policy, 2006, 35(5): 715-728.

[23] HUANG F, RICE J, GALVIN P, et al. Openness and appropriation: empirical evidence from Australian businesses[J]. IEEE transactions on engineering management, 2014, 61(3): 488-498.

[24] HURMELINNA P, PUUMALAINEN K. Nature and dynamics of appropriability: strategies for appropriating returns on innovation[J]. R&D management, 2007, 37(2): 95-112.

[25] KOGUT B, ZANDER U. Knowledge of the firm, combinative capabilities, and the replication of technology[J]. Organization science, 1992, 3(3): 383-397.

[26] KOSTOVA T, ZAHEER S. Organizational legitimacy under conditions of complexity: the case of the multinational enterprise[J]. Academy of management review, 1999, 24(1): 64-81

[27] LANDES W M, POSNER R A. Trademark law: an economic perspective[J]. The Journal of law and economics, 1987, 30(2): 265-309.

[28] LAURSEN K, SALTER A J. The paradox of openness: appropriability, external search and collaboration[J]. Research policy, 2014, 43(5): 867-878.

[29] LEVIN R C. A new look at the patent system[J]. The american economic review, 1986, 76(2): 199-202.

[30] MANZINI R, LAZZAROTTI V. Intellectual property protection mechanisms in collaborative new product development[J]. R&D management, 2016, 46(S2): 579-595.

[31] MARTÍNEZ-PIVA J M. Protection of intellectual property rights, innovation, and development[M]//Knowledge generation and protection. New York: Springer, 2009: 27-55.

[32] MAZZOLENI R, NELSON R R. The benefits and costs of strong patent protection: a contribution to the current debate[J]. Research policy, 1998, 27(3): 273-284.

[33] MILES I, ANDERSEN B, BODEN M, et al. Service production and intellectual

property[J]. International journal of technology management, 2000, 20(1/2): 95-115.

[34] NEUHÄUSLER P. The use of patents and informal appropriation mechanisms—differences between sectors and among companies[J]. Technovation, 2012, 32(12): 681-693

[35] ORDANINI A, MICELI L, PIZZETTI M, et al. Crowd funding: transforming customers into investors through innovative service platforms[J]. Journal of service management, 2011.

[36] SAMPSON R C. Organizational choice in R&D alliances: knowledge-based and transaction cost perspectives[J]. Managerial and decision economics, 2004, 25(6-7): 421-436.

[37] HAMEL G, DOZ Y L, PRAHALAD C K. Collaborate with your competitors and win[J]. Harvard business review, 1989, 67(1): 133-139.

[38] SUCHMAN M C. Managing legitimacy: strategic and institutional approaches[J]. Academy of management review, 1995, 20(3): 571-610.

[39] SUDDABY R, GREENWOOD R. Rhetorical strategies of legitimacy[J]. Administrative science quarterly, 2005, 50(1): 35-67.

[40] TEECE D J. Profiting from innovation in the digital economy: enabling technologies, standards, and licensing models in the wireless world[J]. Research policy, 2018, 47(8): 1367-1387.

[41] VEER T, LORENZ A, BLIND K. How open is too open? the mitigating role of appropriation mechanisms in R&D cooperation settings[J]. R&D management, 2016, 46(S3): 1113-1128.

[42] VON H E. Horizontal innovation networks—by and for users[J]. Industrial and corporate change, 2007, 16(2): 293-315.

[43] YOO Y, BOLAND R J, LYYTINEN K, et al. Organizing for innovation in the digitized world[J]. Organization science, 2012, 23(5): 1398-1408.

[44] ZIMMERMAN M A, ZEITZ G J. Beyond survival: achieving new venture growth by building legitimacy[J]. Academy of management review, 2002, 27(3): 414-431.

[45] 李拓宇，魏江，华中生，等. 集群企业知识资产治理模式演化研究［J］. 科研管理，2020，41（8）：60-71.

[46] 刘洋，董久钰，魏江. 数字创新管理：理论框架与未来研究［J］. 管理世界，2020，36（7）：198-217+219.

[47] 孙聪，魏江. 企业层创新生态系统结构与协同机制研究［J］. 科学学研究，2019，37（7）：1316-1325.

[48] 魏江，赵雨菡. 数字创新生态系统的治理机制［J］. 科学学研究，2021，39（6）：965-969.

[49] 魏江，张莉，李拓宇，等. 合法性视角下平台网络知识资产治理［J］. 科学学研究，2019，37（5）：856-865.

ENTERPRISE
INNOVATION SYSTEM

第 6 章

结语：企业创新生态系统发展新范式

6.1 核心观点

数字浪潮浩浩汤汤席卷而来，产业数字化与数字产业化交相辉映，消费互联网与产业互联网渐于贯通。数字技术的不断涌现和更迭，重构了企业生存和发展的外部制度、技术和市场情境，改变了企业与外部其他主体的互动关系，重塑了企业的战略形态、业务模式和组织结构，推动了企业创新范式和创新格局的变化，从过往单体创新、联盟创新、集群创新，发展到了超越地理边界限制、多主体协同共生、价值共创共享的生态系统创新。

本书提出了企业创新生态系统的概念基础、理论渊源、内涵与特征，分析了企业创新生态系统的系统基础、创新过程、创新行为和治理机制等核心问题，以期为深化企业对其创新情境的理解和认识提供理论支撑。本书的核心观点包括如下五个方面。

1. 企业创新生态系统的概念基础

早期关于国家、产业和区域等宏观和中观创新生态系统的研究，是将企业视为同质化的单节点参与者，本书通过将微观层面的企业作为创新生态系统主体来解构，通过与宏观和中观创新生态系统的开放系统编排性、参与者高度异质性、环境驱动的自我发展性对比，将企业创新生态系统定义为焦点企业以自身为核心主体、提供核心组件和边界资源、使参与主体协同创新、价值共享、具有动态稳定性的生态系统，明确指出其具有系统结构自生长性、自组织性和自循环性等特征。

2. 企业创新生态系统的形态与结构

本书提出，生态领导者、生态参与者以及参与者之间的关系共同构成了企业创新生态系统的结构要素，进一步从治理结构和产业结构两大维度将企业创新生态系统分为核心控制型、创业社区型、双边市场型、产业联盟型四种类型，提出了各类企业创新生态系统的共同特征，即主导企业核心性、生态系统多层次性、核心企业地位转换性及身份二元性。本书结合海尔和小米公司的案例，论述了企业创新生态系统的三阶段演化过程：从追求相关多元化发展的线下创新联盟的生态开拓阶段，转变到业务全球化拉动的全球创新网络的生态布局阶段，最终转变到依托平台基础设施的平台创新生态系统的生态成熟阶段。

3. 企业创新生态系统的功能体系

本书遵从"支撑系统 – 动力系统 – 能力系统"的逻辑，阐释了企业创新生态系统中的功能体系。其中，创新支撑系统在生态情境中表现为基础设施体系，本书将其区分为服务型数字平台和在线创新社区。本书将平台的网络效应和生态系统的资源协同赋能界定为企业创新生态系统中的企业创新动力源，企业开展生态创新的原因是生态系统所提供的资源和制度基础，使企业利用网络效应激发能力和互补资源整合能力来建立可持续的竞争优势。

4. 企业创新生态系统的创新行为

在核心控制型企业创新生态系统中，焦点企业通过知识基拓展、生态目标更新、系统知识定义、互补者关系引导四种策略进行互补创新。在创业社区型企业创新生态系统中，普通用户借助在线社区进行意见反馈、需求提出、投票筛选、体验测评、资源共享、答疑解惑等促进社区知识合作，帮助企业实现产品创新。在双边市场型企业创新生态系统中，平台企业基于全面的产品和服务价值进行"跑马圈地"以提高参与者多样性，推动突破性创新，或者基于内容独占性打造"利基市场"来吸引专属参与者推动渐进性创新。在产业联盟型企业创新生态系统中，不对称依赖和联合型依赖是两种典型的联盟双方关系，不对称依赖容易导致联盟关系不稳定而出现短视行为，阻碍企业创新知识溢出和吸收；联合型依赖强调双方共存和互惠，联盟关系趋于稳定而推动联盟的长期导向，有利于创新知识的溢出和吸收。

5. 企业创新生态系统的治理机制

企业创新生态系统存在大量异质的虚拟参与主体，这些参与主体实施了开放式、虚拟式多边协同，使相互间的交互协调尤为复杂，参与主体间动态变化的网状关系让创新过程面临更多不确定性。企业可以通过设计生态系统运行规则来规范参与者行为，确保生态系统内部的一致性和兼容性。数字化创新要素让数据资源共享成为治理的新挑战，企业可以通过数字平台架构设计实现标准化模块及接入界面、接入规则及沟通规则的统一，加强参与者之间的目标整合、数据流通、信息交流和行为协同。

6.2 发展新范式

本书的主要贡献是提出了"企业创新生态系统"这个概念，建立起以"企业创新生态系统构型—生态系统参与者创新行为—创新系统治理机制"为主线的企业创新生态系统理论范式，系统分析了该范式下企业创新的组织架构、动力机制、协同过程、创新保护等核心内容。

6.2.1 平台支撑的企业创新组织架构

"平台+微粒"的结构已成为学界和实践界对未来产业组织发展趋势的基本共识：平台支撑产业中企业创新的架构，互补企业以微粒的形式嵌入企业创新生态系统的不同生态位，通过平台企业和系统参与者贡献同质或异质性的资源和能力，相互协同、竞争和合作，共同推动产业的转型升级。

平台缘何能够成为企业创新生态系统的架构支撑？企业创新生态系统超越了传统地理边界的限制，以工具性基础设施为平台，通过平台化，企业创新生态系统创新动力、能力、基础设施所涵盖的全要素、全流程都嵌入数字基础设施中，通过组织在线、沟通在线、协同在线、业务在线、生态在线等方式，帮助参与企业降低信息不透明、不对称造成的交易成本，降低创新所需资源和能力的信息搜寻成本与整合成本，提高创新生态系统产品创新、服务创新、组织创新、流程创新和商业模式创新的效率。

平台支撑的企业创新生态系统的内部交互关系是什么样的？在以平台为中心的企业创新生态系统中，核心企业从过去的"获取者"变成赋能者，为生态系统中其他企业、组织、个体提供资源、技术、交互规则支持。基于开放共享的机制，各类生态参与主体有条件地（付费、创新共享、数据置换、等级要求）调配或者被调配、组织或被组织、整合或者被整合到生态系统的创新活动中，为需求方提供产品、服务和解决方案。

对于面向企业创新情境的"平台+微粒"架构，本书提出了平台基础设施建设的四条路径：

- 产业链链主企业牵头搭建，依托其在产业链上的绝对话语权，强制要求产业链上下游和合作伙伴加入，形成产业链链主为主导的企业创新生态系统。
- 依托跨产业互联网科技公司的信息技术优势，构建模块化平台解决方案，基于产业特殊性进行边缘功能定制，形成以互联网科技公司为主导的企业创新生态系统。

- 政府部门通过成立新公司或者委托第三方技术公司，形成具有半公益性质的产业互联网平台，凭借行业的强制性权力，要求产业各主体加入以形成政府主导的企业创新生态系统。
- 产业链 B2B 交易服务平台公司，依托自身的技术和产业知识优势，为产业链上的企业提供延伸性服务，通过效率优势吸引产业链上的企业加入平台，形成以 B2B 交易企业为主导的企业创新生态系统。

很显然，不同行动主体发起的产业平台化路径是不一样的。这种差异起源于不同行动主体的资源禀赋和组织惯性差异，以及发起平台构建时的外部情境因素差异。比如产业龙头企业倾向于通过对自身以及上下游伙伴的数字化改造实现平台化，而互联网平台公司则倾向于为产业企业提供通用性信息技术解决方案实现平台化。不同产业在平台化之前的产业结构并不一致，有的存在明显的寡头垄断格局，而有的则是零散行动者乱斗的局面。凡此种种，都影响着产业平台化建设路径和平台主的选择。

6.2.2　需求驱动的企业创新动力源

在依托平台架构的企业创新生态系统中，企业创新动力源发生转变，基本形成消费者主导逻辑下的创新动力源，平台企业的创新由过去供给驱动模式转向需求驱动模式。

在该新模式下，企业通过场景创新、工具创新和方法创新，主动从开放性和专属性网络中收集消费者数据，利用数据分析与挖掘技术分析消费者需求从而明确创新方向；并通过构建消费者表达需求的平台，让消费者需求顺畅进入企业创新视野，触发生态系统中各项创新要素按时间、地点、数量、质量被整合开发和传递，实现精益创新和生产。

除了生成性的市场需求，企业创新生态系统还存在创造性的市场需求所驱动的动力源——制度型市场。制度型市场是指由国家通过政策驱动、在相对较短时期内带来的本土市场机会，这种机会往往是国家为了战略需要而直接创造的（魏江等，2016）。制度型市场是一种市场机会，对国内企业和外国企业同样具有公平性，但因触发制度型市场的主体是国家，导致其会给本土企业创造"近水楼台先得月"的机会。比如有关部门推进的"平安中国"建设，其形成的制度性市场哺育了海康威视这样的视频融合技术创新企业，带动了视频融合运用的周边软硬件产品和服务的发展，最终形成了视频融合运用的企业创新生态系统。因此，制度型市场中的企业创新生态系统往往由政府或其代理机构扮演主导角色。

6.2.3 超级开放的企业创新过程协同

单体创新已然不能适应复杂、变化的创新情境要求。集合多主体智慧和资源的开放式创新成为企业创新的主流范式。多主体的智慧和资源能够贡献到生态系统中并从中获益，前提是生态系统本身要保持高度开放，因为开放性可以帮助生态系统的主导者快速从外部环境寻得缺失生态位的创新互补者，或者替代性创新互补者得以及时且主动地顶替到创新的缺位中。

互补性是生态系统的典型特征，同一个生态位可能会同时存在多个互补者，因而企业创新生态系统的创新要素不仅是精益供给，而且必然还存在一定的互补冗余。尽管这些冗余一定程度上会造成生态系统创新效率的下降，但同时也提高了生态系统的弹性和韧性。出于互补者数量的差异，生态系统主导者与互补者之间、互补者之间在创新协同过程中都存在不同程度的竞争，而生态系统的开放性是缓解过度竞争的有效策略。

生态系统的互补类型包括创新互补和交易互补（Jacobides et al., 2018）。在企业创新生态系统中，创新互补与交易互补存在着本质区别，创新互补的逻辑在于获取异质性知识和资源，交易互补的逻辑在于降低交易成本。创新互补固然重要，交易互补同样不可或缺。创新能够持续下去的重要原因是创新结果能够通过交易实现商业化，最终转化为商业价值，让参与生态系统创新的互补者和领导者获益。无论是面向创新还是面向交易，企业创新生态系统都要保持足够的开放性，这是保障创新可持续的关键。

6.2.4 功能互补的企业创新结果保护

如何对创新成果的知识产权进行保护并使创新主体能从创新中充分获益，关系到创新主体的积极性及持续投入的问题。然而，针对企业创新从单体到群体、从简单到复杂、从技术推动到需求拉动再到技术与需求共同驱动的转变，创新的起点和生命周期都发生了改变。基于司法的知识产权保护因申请程序造成的时延、法律效力存在时空边界、侵权界定的困难等问题，其有效性逐渐被创新主体所质疑，立足企业创新生态系统，探索更为有效的创新成果保护新模式成为知识产权保护研究的重要方向。

对企业创新结果保护而言，关键并不在于如何将专利作为有用的占有机制，而在于如何使得其创新不被模仿，帮助企业获得更长时间的垄断回报。所以，企业会选择除专利以外的其他创新成果保护机制，比如保密、积累隐性知识、先发优势、售后服务、学习曲线、互补资产、标准、品牌等。

在企业创新生态系统中，技术的进步和交融发展使得依赖多主体、多种技术的复杂创新成为普遍的创新现象，立足生态系统内部的单个创新结果无法独立地产生效益，最终生态系统内部的互补性（互补资产）得以替代外部制度，成为单个创新结果知识产权保护的重要机制。

那么，基于互补资产形成创新独占是否就适合于企业的所有创新？答案显然是否定的。为了能更方便地展开对企业创新结果保护的讨论，本书从技术视角出发，以更为底层的技术创新概念代替企业创新生态系统中的产品创新、流程创新、组织创新和商业模式创新，并将企业的技术创新区分为基础层科学技术创新和应用层技术创新。诚然，对企业创新结果的考察，我们不能仅关注其对企业的增益，还有必要拔高到区域、产业、国家层面，赋予企业创新更多的意义。

就基础层科学技术的创新保护而言，由于其在社会进步和经济生活中扮演了类基础设施的角色，其有必要保持一定的可复用性和可共用性，即其应该具备良好的标准化、模块化性能，才能在不同技术应用场景中发挥更大的作用，对社会技术进步和经济发展产生更大的推动作用。尽管过于依赖互补资产的基础层科学技术创新会给创新所有者带来长期且高额的利润回报，但这无疑会阻碍知识溢出和技术扩散，最终不利于社会进步和经济发展。换言之，不能简单地将基础层科学技术创新的任务交给企业，或者说高校和大型科学性组织应该在基础层科学技术的创新过程中发挥更大作用,并且政府在对基础层科学技术创新结果进行立法保护时,要考虑在保障创新者积极性的同时推动此种技术最大限度地增益社会。

就应用层技术的创新保护而言,一如使用专利制度的大都是有权势者,掌握复杂应用技术的互补资产也往往是生态主导企业。我们不担心其无法从生态中取得足够的创新回报而缺乏持续创新的动力,相反却要更多地担心其基于强势的议价能力,盘剥生态系统其他企业、组织、团队、个体的价值。因此,政府部门或许无法从技术创新成果保护的角度对企业生态系统中的主导企业技术创新及应用予以有效的管制,但可以从其他角度对其加以限制(如税收),使新技术积极地推动现代化经济体系建设,并使其不"作恶"。

总之,在国家实施创新驱动高质量发展的战略阶段,企业置于创新的主体地位,这对创新成果保护提出了更多要求。企业创新生态系统作为创新的新情境,基于互补资产所形成的创新独占逐渐发展成为一种有效的创新结果保护机制,而企业在考虑其创新结果保护的时候,也有必要自知自觉地考虑其创新成果如何助推社会和经济的发展。

6.3 未来研究展望

数字技术深刻影响企业的创新活动,数字平台使得企业有能力去主导构建一个完整的企业创新生态系统。这为企业审视和开展创新活动开辟了一种全新的思路:从相对宏观的国家创新生态系统和中观的产业创新生态系统及区域创新生态系统聚焦到相对微观层面的企业创新生态系统中。企业创新生态系统演变成为企业创新的新格局，本书所提出的概念基础、结构形态、功能体系、创新过程、创新基础等，都需要深入探讨，从创新要素关系、动力体系、赋能机制、协同演化、治理机制都有待深化探讨。

6.3.1 企业创新生态系统的要素、关系与结构

企业创新生态系统内涵不统一是阻碍这一研究领域快速发展的重要原因。以企业创新生态系统为对象，对其"结构—关系—功能"进行剖析，将对厘清企业创新生态系统的要素及其互动关系十分有帮助。

未来研究可以进一步探究不同类型生态系统的差异。首先，要清晰地解构企业创新生态系统的关系特征和结构特征。其次，基于关系和结构特征重点厘清企业创新生态系统的四大功能。最后，重点探究企业创新生态系统的不同类型，并深入阐述企业创新生态系统不同类型在关系、结构、功能上的差异性。

6.3.2 企业创新生态系统的动力体系

围绕企业创新生态系统内合作各方的动力体系，需要深入揭示这样的问题：企业创新生态系统催生创新性企业和高成长性企业的内在动力体系，动力体系在系统演化中的螺旋式自我更新机制，不同形态的企业创新生态系统中动力体系的更新机制等。

未来研究可以从资源视角将创新生态系统视为资源持续创造、流动和转化的系统（Spigel and Harrison，2018），从资源要素集合、资源流动机制、资源回收机制、资源吸纳机制等维度对企业创新生态系

统进行解构，揭示其动力体系。

- 需要识别企业创新生态系统中包含的独特"资源池"。
- 分析创新生态系统的关系、结构、治理及运行机制或特征对内部资源流动、转化、回收及新资源吸纳的影响。
- 分析数字创新生态系统中的主导企业通过正式和非正式制度设计及竞争机制引入，引导生态系统中的创新企业要充分利用机会和资源进行有效创新，分析企业的创新反馈并影响主导企业对制度和竞争机制的迭代设计，以及对生态系统中资源池和资源流的影响机制。

6.3.3 企业创新生态系统的赋能机制

企业创新生态系统中的创新活动受到生态系统的特质及资源所影响，而核心企业因其主导地位在此过程中扮演了赋能者角色。然而，现有研究对核心企业与参与者关系的讨论主要关注两者之间的"互补－依赖"关系以及相互之间的应对策略（Jacobides et al., 2018；Zhu and Liu, 2018），对核心企业赋能创新驱动创业的内在机制研究还十分有限：核心企业赋能创新驱动创业的内在路径和机制主要有哪些？核心企业的异质性特征如何影响其对创新驱动创业的赋能水平？影响核心企业对创新驱动创业赋能水平的关键情境因素主要有哪些？这些关键问题都有待进一步回答。

未来研究可以考虑，综合运用创新生态系统、平台组织、创新管理等理论，立足企业创新生态系统的发展实际，揭示核心企业赋能创新的内在机制，从宏观、微观等多层次识别影响核心企业赋能创新水平的主要因素，构建主导企业的创新生态系统赋能创新的相关理论。要特别关注核心企业协同创新生态系统各类参与者的资源和能力及其创新活动赋能的机制和策略。

6.3.4　企业创新生态系统的协同演化

现有针对企业创新生态系统的动态研究还存在以下问题：企业创新生态系统内部各主体、各要素之间的协同是怎样的？基于数字平台的企业超越企业价值创造的功能，主导生态系统的治理规则和治理机制设计，那么，政府在企业创新生态系统中该发挥何种作用？与平台企业如何协同互动推动生态系统的良性发展？这些需要探索出可行路径。

首先，未来研究可以考虑，基于对企业创新生态系统的要素、赋能机制、动力体系的研究，揭示企业创新生态系统中不同行动主体之间的协同机制，可以采取案例研究方法，基于具体治理情境探究平台企业与政府的协同关系，为政企协同治理企业创新生态系统提供有效启示。其次，结合演化理论与生命周期理论，探究诱发企业创新生态系统动态演化的因素、演化过程以及不同阶段协同机制的差异。最后，探索不同形态企业创新生态系统的协同演化过程及系统创新产出。

6.3.5　企业创新生态系统的治理机制

当前关于企业创新生态系统治理的研究主要关注具体的治理策略和机制仍存在一些治理难题，比如不同类型企业创新生态系统是如何进行治理机制和治理体系设计与选择的？

未来研究可以考虑从微观层次揭示企业创新生态系统的治理体

系设计与选择逻辑。首先，基于企业创新生态系统"结构—关系—功能"特征，明确不同类型企业创新生态系统所面临的主要治理问题、治理挑战，探索不同类型企业创新生态系统的多元复合治理机制。其次，综合科层治理、市场治理、网络治理、自组织治理的优势与劣势，凝练并总结出不同形态的企业创新生态系统中的多元化治理体系，并遵循治理理论中的匹配对齐（alignment）逻辑（Tiwana，2014），揭示企业创新生态系统类型与治理体系的复杂耦合关系，从而回答如何设计更有效的治理体系这一核心问题。最后，提出企业创新生态系统中创新协同和价值共创的外部制度设计。

参考文献

［1］ BERKHOUT A J, HARTMAN D, TROTT P. Connecting technological capabilities with market needs using a cyclic innovation model[J]. R&D management, 2010, 41(5): 474-490.

［2］ JACOBIDES M G, CENNAMO C, GAWER A. Towards a theory of ecosystems[J]. Strategic management journal, 2018, 39(8): 2255-2276.

［3］ PORTER M. What is strategy[J]. Harvard business review, 1996, 74(6): 61-78.

［4］ SPIGEL B, HARRISON R. Toward a process theory of entrepreneurial ecosystems[J]. Strategic entrepreneurship journal, 2018, 12(1): 151-168.

［5］ TIWANA A. Platform ecosystems: aligning architecture, governance, and strategy[M]. Waltham: MK. 2014.

［6］ ZHU F, LIU Q H. Competing with complementors: an empirical look at Amazon.com[J]. Strategic management journal, 2018, 39(10): 2618-2642.

［7］ 魏江，潘秋玥，王诗翔．制度型市场与技术追赶［J］．中国工业经济，2016（9）：93-108.